图书在版编目(CIP)数据

综合知识历年真题汇编 / 全国银行招聘考试编写组编写. — 3 版. — 上海 :立信会计出版社,2013.6
全国银行招聘考试专用教材
ISBN 978-7-5429-3957-9

Ⅰ.①综… Ⅱ.①全… Ⅲ.①银行-招聘-考试-中国-习题集 Ⅳ.①F832-44

中国版本图书馆 CIP 数据核字(2013)第 134123 号

策划编辑 张巧玲
责任编辑 张巧玲
封面设计 中公教育图书设计中心

综合知识·历年真题汇编

出版发行 立信会计出版社
地　　址 上海市中山西路 2230 号　　邮政编码 200235
电　　话 (021)64411389　　传　　真 (021)64411325
网　　址 www.lixinaph.com　　电子邮箱 lxaph@sh163.net
网上书店 www.shlx.net　　电　　话 (021)64411071
经　　销 各地新华书店

印　　刷 山东省东营市新华印刷厂
开　　本 787 毫米×1092 毫米 1/8
印　　张 9
字　　数 218 千字
版　　次 2013 年 6 月第 3 版
印　　次 2018 年 3 月第 7 次
书　　号 ISBN 978-7-5429-3957-9/F
定　　价 42.00 元

管 理

专项一 | 单项选择题

1.某旅游公司总经理在市场不景气的情况下,以过人的职业洞察力发现海外度假旅游项目与25~35岁新婚家庭消费群体之间的关联性,并针对这部分群体快速设计出一套新的旅游路线和体验项目,在广泛宣传后收到丰硕的订单。但由于涉及与交通管理、签证、保险等机构的协调,新项目一直未能批准,造成该公司丧失大量的市场机会,公司经营每况愈下。下列哪种说法最能概括该总经理的管理能力?( )

A.技术技能和人际技能强,概念技能弱

B.人际技能和概念技能强,技术技能弱

C.技术技能和概念技能强,人际技能弱

D.技术技能、人际技能和概念技能都弱

2.某银行网点一直以小企业业务为自身优势。但随着当地经济开发区的建立,网点周边的小企业逐渐搬迁,网点负责人制定了两种应对措施:一是跟踪维护原有客户以及深入挖掘周边潜在的小企业客户;二是把业务重心转移到拓展周边个人客户。这两种措施依次分别属于管理中的( )。

A.前馈控制和反馈控制

B.反馈控制和前馈控制

C.调整计划和纠正偏差

D.纠正偏差和调整计划

3.生活方式营销是指以消费者所追求的生活方式为诉求,通过将公司的产品或品牌演化成某一种生活方式的象征,甚至是一种身份、地位的识别标志,而达到吸引消费者建立起稳定的消费群体的目的。下列不属于生活方式营销的是( )。

A.某化妆品广告中,女主角在患病、万般疼痛的时候也要在去医院之前换上自己的印花裙子,用该化妆品描着口红,强调“美丽带来的积极生活状态”

B.某手机广告展示了生活中不同场景下人们使用该手机拍照,将其塑造为热爱生活的人们随时随地记录影像的工具

C.某笔记本电脑广告模拟了工作中咖啡杯被碰倒、咖啡洒在键盘上的场景,以展示其防泼溅键盘对数据安全的意义

20.《伊索寓言》里有这样一则小故事:一天风与太阳比试,看谁能让路上的行人把外套脱掉。风首先行动,用力对着行人吹,但越吹,行人把外套裹得越紧,风吹累了,太阳便从后面出来,暖洋洋地照在行人身上,没有多久,行人便开始擦汗,并把外套脱下。事实上,这个故事也蕴藏着管理学的哲理。下列有关这个故事对企业经营管理的启示中,说法最恰当的一项( )。

A.真正有效的管理,不是“控制”员工,而是充分“释放”员工;一个聪明的管理者不会“控制”和“强迫”自己的员工,而是通过各种方法充分“引导”和“释放”员工

B.授权过小,员工无法开展工作,授权过度又会造成管理失控。所以,授权必须适当。同时,授权后,管理者对员工的工作要保持适当的监督,要建立配套的控制制度,以保证工作任务的实行

C.管理者应该鼓励员工积极参与企业的决策,让员工对企业的发展建言献策、畅所欲言

D.作为一个管理者,首先应该充分了解自己的员工,清楚员工的长处和短处,然后根据员工的特点合理安排员工岗位,让员工的自身优势在工作中得到充分发挥

21.快速决策分析与其说是一项具体分析技术,莫如说是一种方法论,快速决策分析法强调对决策问题的( )。

A.整体思考和结构化　　B.整体分析和模块化

C.整体建模和标准化　　D.整体研究和系统化

22.所谓领导风格,是指领导者的行为模式,领导风格由两种领导行为构成,即( )。

A.监督行为和解释行为　　B.工作行为和关系行为

C.放权行为和约束行为　　D.管理行为和控制行为

23.企业社会责任报告是企业将其履行各种责任的内容,进行系统的梳理和总结,并向利益相关方进行披露的方式,以下关于企业社会责任报告的表述,正确的是:企业社会责任报告是( )。

A.对成绩进行系统的梳理和总结

B.向利益相关方进行解释的方式

C.企业与利益相关方沟通的桥梁

D.企业财务信息披露的重要载体

24.管理可以分为很多种类的管理,人力资源管理、财务管理、生产管理属于( )。

A.社会管理　　B.经济管理

C.行政管理　　D.企业管理

25.在风险控制的基本方法中,制定计划和采取措施降低损失的可能性或者是减少实际损失的风险控制方法是( )。

A.风险回避　　B.风险保留

C.损失控制　　D.风险转移

26.在组织化的原则中,尽量使每一个管理部门和人员了解自己在组织中处于什么位置,归谁领导,到哪里获取所需信息,以及同谁合作等,属于( )。

A.关系尽可能明确　　B.机构尽可能精干

C.流程尽可能简化　　D.规则尽可能标准

27.推行目标管理要做很多相关工作,以下有关推行目标管理的表述,不正确的是(　　)。

A.制定一系列的配套政策　　B.要有很多相关配套工作

C.要逐步推行、长期坚持　　D.依靠高素质的精英员工

28.环式沟通也称圆周式沟通,类似链式沟通,但信息链首尾相连形成封闭的信息沟通的环。这种组织内部的信息沟通指不同成员之间依次联络沟通。以下有关环式沟通的特点表述不正确的是(　　)。

A.沟通速度快,信息易集中

B.组织内部民主气氛较浓

C.横向沟通一般使团体士气高昂

D.团体的成员具有一定的满意度

29.在群体和个人的决策中,以下关于决策过程的说法,错误的是(　　)。

A.以创造性程度来定义,共识决策较优越

B.从消耗的时间分析,共识决策的效率高

C.从决策速度进行比较,个人决策较优越

D.最终决策的接受程度,共识决策较优越

30.对员工培训 SA8000 管理体系的主要目的是(　　)。

A.提高法制意识和职业道德的水准

B.掌握各岗位工作标准和工作能力

C.消除或减少人员伤害和财产损失

D.提高操作技能和相关的理论知识

31.如果某公司中小道消息很多,而正式渠道的消息较少,这意味着该公司(　　)。

A.正式沟通渠道中信息传递存在问题,需要协调

B.非正式沟通渠道中信息传递很通畅,运作良好

C.充分运用了非正式沟通渠道的作用,促进了信息的传递

D.其中有部分人特别喜欢在背后乱发议论,传递小道消息

32.“骏马能历险,犁田不如牛;坚车能载重,渡河不如舟”,这句话启示我们在用人方面要坚持(　　)。

A.德才兼备原则　　B.适才适用原则

C.法治管理原则　　D.任人唯贤原则

33.关于管理幅度、管理层次与组织规模三者的关系,表述正确的是(　　)。

A.管理幅度既定,管理层次与组织规模成反比

B.管理幅度既定,管理层次与组织规模成正比

C.组织规模既定,管理层次与管理幅度成正比

D.管理层次既定,管理幅度与组织规模成反比

34.哈罗德·孔茨和海因茨·韦里克对领导的理解是(　　)。

A.领导就是影响力,是影响人们心甘情愿地和满怀热情地为实现群体的目标而努力的艺术或过程

55.最早使用,也是最为简单的一种组织结构形式是(　　)。

A.职能型　　　　B.直线型

C.矩阵型　　　　D.网络型

56.创新的内容涉及管理的各个环节,对产品和服务质量起决定性作用的是(　　)。

A.目标创新　　　　B.技术创新

C.制度创新　　　　D.组织创新

57.管理的主体是(　　)。

A.动员和配置有效资源　　　　B.被管理者

C.实现特定目标　　　　D.管理者

58.对于高层管理者而言,最重要的技能是(　　)。

A.技术技能　　　　B.人际技能

C.概念技能　　　　D.学习技能

59.以消除偏差为目标的绩效改进方法是(　　)。

A.六西格玛管理　　　　B.精益思想

C.约束理论　　　　D.准时制

60.有"科学管理之父"声誉的管理学家是(　　)。

A.泰勒　　　　B.亚当斯

C.法约尔　　　　D.韦伯

61."铱星"计划的失败,充分说明创新具有(　　)。

A.动态性　　　　B.风险性

C.综合性　　　　D.时效性

62."3D"打印技术的出现,引领着消费需求。"3D"打印创新属于(　　)。

A.制度体系创新　　　　B.组织结构创新

C.技术推动型创新　　　　D.市场拉动型创新

63.赫塞和布兰查德的情境领导理论将低任务—高关系领导风格称为(　　)。

A.命令型　　　　B.说服型

C.参与型　　　　D.授权型

64.马斯洛的需要层次理论认为(　　)。

A.人的需求由低到高依次为生理需要、安全需要、尊重需要、归属和爱的需要和自我实现需要

B.只有当较低层次的需要得到满足后,才会产生更高一级的需要

C.在人的不同时期和不同发展阶段,其需要结构基本保持一致

D.人的需要是复杂的,但可以主动调整需要的内容和结构

65.霍桑试验后,梅奥提出工人是(　　)。

A.经济人　　　　B.社会人

C.理性人　　　　D.复杂人

66.领导效能是指领导者的能力,以下关于领导效能的叙述,不正确的是(　　)。

A.实现领导目标的领导能力和所获得的领导效率与领导效益的系统综合

B.领导效能是领导活动的出发点,也是检验领导者运用管理心理学的尺度

C.领导效能考评能够为提拔、使用、奖惩干部提供重要依据

D.领导效能是指领导者在实施领导过程中的行为能力、工作状态和工作结果

67.在沟通的作用中,以下表述不准确的是(　　)。

A.沟通可以促进企业员工协调有效地工作

B.德尔菲法是沟通效率和效果最优的方法

C.沟通有助于改进个人和群体做出的决策

D.沟通有利于领导激励下属提高员工士气

68.内容型激励理论是指针对激励的原因与起激励作用的因素的具体内容进行研究的理论。以下属于内容型激励理论的是(　　)。

A.挫折理论　　　　B.双因素论

C.归因理论　　　　D.强化理论

69.Bass 等人最初将变革型领导划分为六个维度,后来又归纳为三个关键性因素。Avelie 在其基础上将变革性领导行为的方式概括为四个方面。其中,领导者对追随者寄予很高的期望,通过动机激励使他们投身于实现组织愿景的事业中去的方式称为(　　)。

A.智力激发　　　　B.领导魅力

C.感召力　　　　D.愿景力

70."治大国如烹小鲜"出自老子的《道德经》,它已经被众多学者和政治家引用,它的要义不包括(　　)。

A.以正治国　　　　B.选贤与能

C.中庸为德　　　　D.无为而为

71.一旦确定了竞争对手,从战略制定上需要对竞争对手做四个方面的分析,但不包括竞争对手的(　　)。

A.经营状况和财务状况分析　　　　B.员工和技术员背景分析

C.各期目标和战略分析　　　　D.技术经济实力分析

72.在"SMART"原则中,"R"代表(　　)。

A.可度量　　B.可实现　　C.现实性　　D.时限

73.关于参与决策的消极作用,下列表达正确的是(　　)。

A.参与决策往往使参加者的责任心降低

B.参与决策会降低领导者的威信

C.参与决策无助于培养下属的管理能力

D.参与决策中,个人常因为注意别人发言或自己表达机会受剥削而使自己的思维受到干扰,无助于新思想的产生

74.将结果导向量表法与行为导向量表法相结合的评价方法是(　　)。

A.行为观察量表法　　　　B.行为对照表法

C.综合尺度量表法　　　　D.行为锚定量表法

75.一个企业正在策划进军汽车制造领域,这一战略层次属于(　　)。

A.产品战略　　　　B.企业总战略

98.在每个预算年度开始时将所有还在进行的管理活动都看作重新开始，这种编制预算的方法被称为（　）。

A.现金预算　　B.直接人工预算

C.材料采购预算　　D.零基预算

99.在事件中，根据企业经营目标，将目标不同的成员分开，为维护整体目标而丢弃不相适应的成员，这种组织结构创新属于（　）。

A.兼并　　B.收购　　C.分割　　D.创新全新组织

100.通过强化企业理念对员工形成约束，使员工能够自觉地开展工作，这属于控制的（　）。

A.行政手段　　B.经济手段

C.文化手段　　D.法律手段

101.若下级管理层做出的决策数量多，而且做出的决策很重要，影响面也越大，则这样的组织（　）。

A.职权集中化程度越高　　B.职权分散化程度越高

C.授权越明确　　D.授权越具有弹性

102.管理职能包括：计划、组织、领导、控制，其中（　）是管理者的首位职能。

A.计划　　B.组织

C.领导　　D.控制

103.依照控制工作的业务范围分类，可以将控制工作分为（　）。

A.任务控制、绩效控制和战略控制

B.生产控制、质量控制、成本控制和资金控制

C.内在控制和外在控制

D.现场控制、反馈控制和前馈控制

104.影响组织结构涉及和建立的因素不包括（　）。

A.信息沟通　　B.经营战略

C.技术特点　　D.产业状况

105.如果要对事物发展变化的未来趋势作出描述，例如对五年后技术变革方向进行预测，通常采用的方法（　）。

A.市场预测　　B.定性预测

C.定量预测　　D.因果预测

106.一家公司在2015年年初的工作会议上提出，力争在本年度实现利润2亿元。如果从计划工作的表现形式看，此计划是（　）。

A.战略　　B.宗旨

C.使命　　D.目标

107.较早提出目标管理的人是（　）。

A.泰勒　　B.德鲁克

C.法约尔　　D.孔茨

108.目标管理适合于管理（　）。

A.管理者　　B.一般员工

C.组织　　D.工作

109.在公司制企业中,总经理的职责被界定为执行董事会制定的政策。对总经理这样的管理者,下列何种说法最恰当?( )

A.这样的管理者一定不拥有公司的股票

B.这样的管理者只负责操作性的作业工作,不作任何决策

C.这样的管理者主要负责管理决策

D.这样的管理者负责公司所有经营管理问题的决策,但职工思想政治工作除外

110.决策者在决策时,要确定一套标准,要求这些标准是( )的。

A.绝对理性 B.最优

C.完全合理 D.令人满意

111.不过分依赖复杂的数学模式及技术,而在于找出关键问题的决策是( )。

A.战略决策 B.管理决策

C.业务决策 D.以上三种都不是

112.组织确定管理幅度最有效的方法是( )。

A.越大越好 B.越小越好

C.随机制宜 D.不断调整

113.授权应遵循的原则有( )。

A.越级授权 B.以功授权

C.视能授权 D.随意授权

114.控制的基础是( )。

A.职权 B.手段 C.职位 D.信息

115.下列对于决策目标确定要求的说法有误的是( )。

A.目标的确定要具体,不能含混不清

B.目标的确定要力求恰当,防止目标偏高或偏低

C.越是近期的目标,越要求明确具体,远期目标也不能带有模糊性

D.目标的确定应该具有可检验性

116.创造性思维适合于( )。

A.程序性政策 B.非程序性政策

C.追踪决策 D.开关式决策

117.“士为知己者死”这一古训反映了有效的领导始于( )。

A.上下级之间的友情

B.为下属设定崇高的目标

C.为了下属的利益不惜牺牲自己

D.了解下属的欲望和需要

118.根据领导生命周期理论,推销型领导方式适用于( )。

A.高任务、高关系 B.高任务、低关系

C.低任务、高关系 D.低任务、低关系

119.美国管理学家孔茨认为,管理的职能包括( )。

A.计划、组织、指挥、协调、控制

B.计划、决策、组织、领导、控制

7.根据现代激励理论,下列因素中真正能对组织员工产生激励作用的是(　　)。

A.职业认同　　B.职业保障

C.工作的挑战性　　D.工作条件

8.某商业银行优化现有组织构架,进行扁平化改革,精简管理层级,扩大管理跨度。关于管理跨度,下列说法当中,正确的是(　　)。

A.其他所有条件不变,管理跨度越大,组织就越有效率

B.如果员工训练有素且经验丰富,那么适合更大的管理跨度

C.如果管理者希望提高灵活性、更加贴近客户、提高决策速度,通常会选择减小管理跨度

D.管理跨度太大,会削弱管理效果

9.以下属于决策基本特征的有(　　)。

A.客观性　　B.主观性

C.选择性　　D.预见性

10.下列不属于决策后果预测的基本方法的是(　　)。

A.时间序列法　　B.经验判断法

C.回归分析法　　D."决策树"技术

11.组织创新可选择的路径包括(　　)。

A.战略先导型　　B.技术诱导型

C.技术主导型　　D.市场压力型

12.设定管理创新目标的基本要求包括(　　)。

A.可行性　　B.可实现性

C.协调性　　D.经济性

13.常用的强制性工具包括(　　)。

A.管制　　B.公共企业

C.国家直接服务　　D.市场

14.下列属于根据赫茨伯格双因素理论中的激励因素的有(　　)。

A.与同事的关系　　B.提升

C.个人发展的可能性　　D.受到重视

15.管理具有的基本特性包括(　　)。

A.特殊性　　B.目标性　　C.组织性　　D.创新性

16.政府管理具有典型的(　　)。

A.合法性　　B.中介性

C.强制性　　D.营利性

17.组织文化的基本功能包括(　　)。

A.服务功能　　B.凝聚功能

C.辐射功能　　D.激励功能

18.组织规模对外部交易成本的影响主要体现在(　　)。

A.组织规模影响搜寻成本

B.组织规模影响谈判成本

C.组织规模影响激励成本

D.组织规模影响履约成本

19.有效的组织战略应包括(　　)等基本要素。

A.战略愿景　　B.目标与目的

C.组织资源　　D.业务和组织

20.在传统技术环境下,组织的管理沟通大多采用(　　)方式。

A.链式沟通　　B.环式沟通

C.轮式沟通　　D.Y 式沟通

21.沟通在管理中的主要功能体现在(　　)。

A.控制　　B.激励

C.情绪表达　　D.获取信息

22.正式沟通的缺点主要有(　　)。

A.约束力强　　B.传递速度慢

C.容易造成信息损失　　D.信息容易被夸大或曲解

23.关于如何实现有效的控制,下列说法正确的有(　　)。

A.控制应该突出重点,强调例外

B.控制应该具有灵活性,及时性和适度性

C.控制过程应避免出现目标扭曲问题

D.控制应该同计划与组织相适应

24.在组织结构中,职能部门化的局限性主要表现在(　　)。

A.难以形成统一政策　　B.不利于领导人才的培养

C.容易出现多头领导　　D.导致部门间活动不协调

25.在下列的管理沟通障碍中,属于客观障碍的有(　　)。

A.主管人员和下级之间互不信任

B.下级人员对领导产生的畏惧感

C.信息发送者和接收者的空间距离远,接触机会少

D.组织机构中间层次过多,信息在传递中产生失真

26.当外科实习医生第一次做手术时,需要有经验丰富的医生在手术过程中对其进行指导,这种控制是(　　)。

A.事中控制　　B.事后控制

C.实时控制　　D.现场控制

27.领导工作的原理包括(　　)。

A.指明目标原理　　B.目标协调原理

C.责权一致原理　　D.命令一致原理

28.一艘船要顺利驾驶到目的地,船长的角色职能包括:设计方向的领航员,实际控制方向的舵手,轮船的设计者或选用者,以及全体船员形成支持、参与和沟通关系的促进者。这些职能就是管理中的(　　)。

A.计划　　B.控制

C.组织　　D.领导

C.文化手段　　　　　　　　　　　　D.法律手段

51."'钱不够,地来凑'的思维方式要纠偏。"关于纠偏,从管理学角度理解正确的有(　　)。

A.纠偏是控制工作的关键

B.纠偏能将控制工作和其他管理职能有效结合

C.目标一经确定就不能重新纠偏,可以纠偏中间制度制定环节

D.纠偏是制定控制标准的前提

52.情感方法的核心是激发职工的积极性,实施情感方法的意义在于(　　)。

A.是管理实践发展的必然要求

B.是发扬中华优秀管理传统的重要途径

C.是学习国外先进管理经验的组成部分

D.是开放组织人力资源,有效提高管理对象积极性的重要手段

53.工作计划的编制步骤包括估量机会、设定目标、确定计划前提条件、拟订备选方案和(　　)。

A.评价备选方案　　　　　　　　　B.拟订备用计划或应急计划

C.拟订派生计划　　　　　　　　　D.编制预算

参考答案及解析

专项一　单项选择题

1.【答案】C。解析:根据题干,总经理拥有超高的洞察力,发现关联性,这体现了其概念技能强;迅速设计出路线和体验项目,体现了其高超的技术技能;由于欠缺协调,而使项目搁置,这体现了其人际技能较弱。

2.【答案】D。解析:外部环境变化后,出现与计划不相符的偏差,企业出于维护原有目标的目的,采取了第一个措施,这是纠正偏差。第二个措施,企业转移工作重心,这属于调整计划。

3.【答案】C。解析:生活方式营销是通过将产品或品牌演化为一种生活方式或身份、地位的象征以达成营销目的。C项模拟生活中的意外只是功能展示,没有体现生活方式。

4.【答案】D。解析:产品专业化是指企业集中生产一种产品,并向各类顾客销售这类产品。这一方式通常能使企业比较容易地在某一产品领域树立起很高的声誉,而且可以作为企业进一步发展的基础。

5.【答案】B。解析:计划工作,是指根据对组织外部环境与内部条件的分析,提出在未来一定时期内要达到的组织目标以及实现目标的方案途径。5W1H是计划的主要内容。

6.【答案】B。解析:牛皮纸法是让流程中各个层次上和各个群体中的人都参与分析和重新设计其工作方式的一种效率很高的方法。奥卡姆剃刀定律又称"奥康的剃刀",它是由14世纪逻辑学家、圣方济各会修士奥卡姆的威廉提出。这个原理称为"如无必要,勿增实体",即"简单有效原理"。正如他在《箴言书注》2卷15题说"切勿浪费较多东西去做,用较少的东西,同样可

以做好的事情。”华盛顿合作规律是说一个人敷衍了事,两个人互相推诿,三个人则永无成事之日。华盛顿合作定律类似于中国“三个和尚”的故事,说明人与人的合作不是人力的简单相加。“一条鞭法”是明代嘉靖时期确立的赋税及徭役制度,由桂萼在嘉靖十年(1530年)提出,之后张居正于万历九年(1581年)推广到全国。

7.【答案】A。解析:所谓“自己人”,是指对方把你与他归于同一类型的人。“自己人效应”是指对“自己人”所说的话更信赖、更容易接受。

8.【答案】A。解析:关键路径是指决定系统活动消耗所需时间长度的那条路径。在一个网络图中有很多条路径,在所有路径中消耗最长时间的那条路径称为“关键路径”,关键路径的各事件为关键事件。

9.【答案】B。解析:当决策者在对方也有决策的情况下进行决策时,就需要应用对策论。如果双方在选取策略时接受一定的模糊约束,这就需要应用模糊对策论。

10.【答案】C。解析:移动配置型是通过人员相对上下左右岗位的移动来保证企业内的每个岗位人力资源的质量。这种配置的具体表现形式大致有三种:晋升、降职和调动。

11.【答案】D。解析:成果控制主要不是为了保证现行决策的圆满执行,而是为了有利于下一个环节的工作得以顺利开展。

12.【答案】D。解析:Y式沟通的优点是集中化程度高,较有组织性,信息传递和解决问题的速度较快,组织控制比较严格。但是,由于组织成员之间缺少直接和横向沟通,不能越级沟通,除节点外,全体成员的满意程度比较低,组织气氛大都不和谐。Y式沟通模式其成员之间交流信息,是采用上情下达和下情上传的逐级传达的形式,虽然信息传递快,但由于信息经过层层筛选,中间环节过多,可能使上级不能了解下级的真实情况,信息被过多的中间环节所控制。这样,信息传递中间环节的操纵可能造成信息失真,给企业工作带来不良影响。

13.【答案】C。解析:一个有着科学智能结构的领导群体至少应由下述四种人组成:思想家、组织家、实干家和谋略家。思想家具有较强的分析综合能力和想象、判断能力,他头脑清醒、思想深邃,善于驾驭全局、明察秋毫、预测未来,从而可以深谋远虑,做出科学决策;组织家具有较强的指挥能力、控制能力和协调能力,善于发现和使用人才,协调各种关系,激发员工潜能,进行科学管理,可以统御队伍,组织活动;实干家具有较强的实施、操作能力,他思想开放、勇于进取,可以身先士卒,任劳任怨,为实现组织目标而兢兢业业、鞠躬尽瘁;谋略家具有运筹帷幄、决胜千里的能力,他善于发现问题,反应敏捷,忠诚地为思想家、组织家和实干家出谋划策。

14.【答案】B。解析:应急决策是应急管理的核心,不同的决策行为往往会产生不同的决策效果。其中,突发事件的善后管理称为恢复重建。

15.【答案】A。解析:沟通的目的:①说明事物——陈述事实→引起思考→影响见解;②表达情感——表示观感→流露感情→产生感应(希望得到一些好的感觉;或摆脱一些不好的感觉,在于相互之间感觉良好);③建立问候——暗示情分→友善(不友善)→建立问候;④进行企图——透过问候→说明(暗示)→达成目标。

16.【答案】B。解析:4P组合策略包括产品策略、价格策略、渠道策略和促销策略。

17.【答案】C。解析:分权制衡原则是指公司有效运转的制度安排与实现,是以对公司各种权力合理分配、相互制衡为出发点而进行配置的结果。

52.【答案】D。解析：创新的过程主要包括四个环节：寻找机会、提出构想、采取行动、持之以恒。

53.【答案】C。解析：近因效应指的是在交往中最近一次接触给人留下的印象对社会知觉者的影响作用。定型效应是指在头脑中存在的、关于某一类人的固定印象。投射效应是指人们不自觉地把自己的心理特征归属到别人身上，认为别人也有同样的特征。光环效应又称晕轮效应，它是一种在突出特征这一晕轮或光环的影响下而产生的以点代面、以偏概全的社会心理效应，其最突出特征就是极端和绝对，"情人眼里出西施""一俊遮百丑"就是光环效应的典型反映。

54.【答案】B。解析：确定计划的前提条件就是确定一些关键性的计划前提，并使有关人员同意使用和加以宣传。这些前提条件包括：说明事实性质的预测资料，适用的基本政策和现行的组织计划。

55.【答案】B。解析：直线型组织结构也称为单线式组织结构，是最早使用，也是最为简单的一种组织结构类型。

56.【答案】B。解析：技术创新是以其构思新颖和实现商业成功为特征和前提的活动，即将技术变为商品并在市场上得以销售实现其价值，从而获得经济效益的行为和过程。技术创新是产品和服务质量的决定性因素。

57.【答案】D。解析：管理就是管理者在一定的环境下，为了实现特定组织的目标，动员和运用有效资源而进行的计划、组织、领导、控制等社会活动。管理者是指在管理中指挥和领导他人活动的人们，管理者领导和指挥他人的活动被称为管理活动，管理者构成了管理的主体。

58.【答案】C。解析：管理者应具备三类技能，即技术技能、人际技能、概念技能。对于不同层次的领导者，对这三种技能的要求程度是不同的。一般来说，高层管理者需要更多的是概念技能，而基层领导者是技术技能。而人际技能对于高、中、基层管理者同样重要。

59.【答案】A。解析：六西格玛管理主张，消除偏差将会解决流程和业务中的问题，注重偏差源头部分的改进。因此，六西格玛管理是以消除偏差为目标的绩效改进方法。

60.【答案】A。解析："科学管理理论"的创始者是美国管理学家泰勒，他被称为"科学管理之父"。

61.【答案】B。解析："铱星"计划是由摩托罗拉公司设计并实施。从技术上看，受到专家的一致肯定，但是却因为高成本、太昂贵以至于没有足够的用户等因素而不被市场接受，没有获得预期的商业成功而失败。这一案例告诉我们，创新是有风险性的。

62.【答案】C。解析："3D"打印属于技术创新。技术创新分为技术推动型创新和市场拉动型创新两种类型。技术推动型创新的源头是基础科学的研究，然后将科学转化为应用技术，并通过样品实验、批量生产，最终实现市场价值。市场拉动型创新的最早动力是直接受到利益推动，技术专家根据市场需求做出反应，进行创新。源头是根据市场需求，开发应用技术，试制产品，批量生产直至销售，实现市场价值。"3D"打印技术的源头是基础科学的研究。而且，从题干中"引领着消费需求"可以得出，"3D"打印技术并非市场拉动型创新。

63.【答案】C。解析：赫塞和布兰查德的情景领导模型将领导风格分为4类：(1)命令型(高工作—低关系)：领导者对下属的工作进行详细、具体的指导。(2)说服型(高工作—高关系)：领导者既提供指导性行为又提供支持性行为。(3)参与型(低工作—高关系)：领导者与下属共同决策，领导者主要是提供便利条件。(4)授权型(低工作—低关系)：领导者提供较少的指导和支持。

64.【答案】B。解析：马斯洛的需要层次理论认为，人的需要由低到高依次为生理需要、安全需要、归属和爱的需要、尊重需要和自我实现需要。A项错误。马斯洛认为，只有当较低层次的

需要得到满足后，才会产生更高一级的需要。在人的不同时期和不同发展阶段，其需要结构是不同的。B 项正确，C 项错误。马斯洛的需要层次论的局限性在于，他认为人的需要会严格按照由低到高的顺序排列和发展，而不会主动调整其内容和结构。D 项错误。

65.【答案】B。**解析**：霍桑试验后，梅奥提出了人际关系理论。该理论认为，工人是“社会人”而不是“经济人”。

66.【答案】B。**解析**：所谓领导效能，是指领导者在实施领导过程中的行为能力、工作状态和工作结果，即实现领导目标的领导能力和所获得的领导效率与领导效益的系统综合。领导效能是领导者进行领导活动的出发点和归宿，也是衡量领导者进行领导活动的标准和综合尺度。

67.【答案】B。**解析**：德尔菲法(Delphi technique)是一种更复杂、更耗时的方法，除了并不需要群体成员列席外，它类似于名义群体法。它是因为德尔菲法从不允许群体成员面对面在一起开会。所以，德尔菲法不是沟通效率和结果最优的方法。

68.【答案】B。**解析**：内容型激励理论包括马斯洛的需要层次理论、阿尔弗德的 ERG 理论、麦克利兰的成就需要理论、赫兹伯格的双因素理论。

69.【答案】C。**解析**：领导者对追随者寄予很高的期望，通过动机激励使他们投身于实现组织愿景的事业中去的方式称为感召力。

70.【答案】C。**解析**：“治大国如烹小鲜”的第一要义是以正治国。老子在《道德经》中有言：“以正治国，以奇治兵，以无事取天下。”具体来说，以正治国，就是要有一套保障国家机器自发运转的良性规则，而且这一规则能够一以贯之，不因人而废，因事而止。一旦做到了政令畅通，国家这一组织系统就会健康运作，自动调节，而不需要管理者过多地干预。“治大国如烹小鲜”的第二要义是选贤与能。这是一种看似平常却高超的领导艺术。具体来说，就是要将合适的人安置在合适的位置，充分发挥其角色作用，而不是对具体的事务进行干预。“治大国如烹小鲜”的第三要义是无为而为。无为，是老子哲学的核心观点。过去，这一思想多被视为消极，而实际上，老子的“无为”并非什么都不干，而是倡导一种“无为而为”的辩证法，即在顺乎事物自身规律的前提下有所作为。

71.【答案】B。**解析**：一旦确定了竞争对手，那么从战略制定讲，需要对竞争对手作以下四个方面的分析：(1)竞争对手的各期目标和战略；(2)经营状况和财务状况分析；(3)技术经济实力分析；(4)领导者和管理者背景分析。

72.【答案】C。**解析**：“SMART”原则，S 代表具体(Specific)，指绩效改进要切中特定的工作指标，不能笼统；M 代表可度量(Measurable)，指绩效改进是数量化或者行为化的，验证这些绩效指标的数据或者信息是可以获得的；A 代表可实现(Attainable)，指绩效指标在付出努力的情况下可以实现，避免设立过高或过低的目标；R 代表现实性(Realistic)，指绩效指标是实实在在的，可以证明和观察，绩效指标是与本职工作相关联的；T 代表有时限(Time-bound)，注重完成绩效指标的特定期限。

73.【答案】D。**解析**：参与决策是指组织的一般成员通过一定的组织系统参与决策影响决策。在参与决策中，由于每个群体成员的知识水平、认知能力、实践经验等的不同，因而有些人参与决策的积极性很高，但有相当多的人存在着事不关己、高高挂起的消极态度。因此美国心理学家邓尼特也曾指出，独立思考时提出的意见较群体思考时提出的意见更多、更高明。在群

用,依据直观材料、个人事件和主观判断得到的预测结果。题中所述对事物发展变化的未来趋势作出预测就通常采用这种方法。

106.【答案】D。**解析**:目标是指企业各项活动的目的或结果。题中该公司在2015年年初的工作会议上提出的力争在本年度实现利润2亿元属于该企业想要达到的目标,所以答案选D。

107.【答案】B。**解析**:1954年,德鲁克提出了一个具有划时代意义的概念——目标管理,它是德鲁克所发明的最重要、最有影响的概念,并已成为当代管理学的重要组成部分。

108.【答案】A。**解析**:目标管理的最大优点也许是它使得一位经理人能控制自己的成就。目标管理的主要贡献之一就是它使得我们能用自我控制的管理来代替由别人统治的管理,因此,它适用于管理管理者。

109.【答案】C。

110.【答案】D。**解析**:决策者在决策时,要确定一套标准,这些标准不可能绝对理性,也不可能最优,更不可能完全合理,只要令人满意即可。

111.【答案】A。**解析**:不过分依赖复杂的数学模式及技术,而在于找出关键问题的决策是战略决策。

112.【答案】C。**解析**:组织确定管理幅度最有效的方式是随机制宜。

113.【答案】C。**解析**:授权应遵循的原则是视能授权。

114.【答案】D。**解析**:信息是控制的基础。没有准确、全面和及时的信息,就难以保证控制的有效性。

115.【答案】C。**解析**:决策目标的确定要具体,不能含混不清。一般说来,越是近期的目标,越要明确具体,远期目标则允许带有一定的模糊性。

116.【答案】B。**解析**:非程序性决策通常要处理的是一些偶然发生的、无先例可循的、非常规性的问题,在这种情况下,决策者难以照章办事,需要有创造性思维。程序性决策是为了解决那些经常重复出现、性质非常相近的例行性问题,可按固定的步骤和常规的方法处理。根据决策的重复程度不同,开关式决策包含有程序性决策和非程序性决策。追踪决策是指当原始决策的实施结果严重威胁决策目标的实现时,对原始决策目标及其执行方案进行根本性修正的二次决策。

117.【答案】D。**解析**:“士为知己者死”这一古训反映了有效的领导始于了解下属的欲望和需要。

118.【答案】A。**解析**:在说服型领导方式(高工作–高关系)这种领导方式下,领导者既提供指导性行为,又提供支持性行为。领导者除向下属布置任务外,还与下属共同商讨工作的进行,比较重视双向沟通。推销型领导方式与此类似。

119.【答案】C。**解析**:管理过程学派又称管理职能学派,是孔茨和西里尔·奥唐奈首先提出的。这一理论是在法约尔的一般管理理论基础上发展而来。法约尔将管理活动分为计划、组织、指挥、协调和控制等五大管理职能,孔茨和奥唐奈在仔细研究这些管理职能的基础上,将管理职能分为计划、组织、人员配备、指导和控制五项,而把协调作为管理的本质,作为五项职能有效综合运用的结果。

120.【答案】C。**解析**:为了提高劳动生产率,必须为工作挑选第一流的工人,依据的是泰勒“能力与工作相适应科学管理”的原理。

121.【答案】B。**解析**:相对于社会公共利益来讲,企业的利益是个体利益,企业的管理也是为实现单个个体利益进行的管理活动。

122.【答案】C。解析：美国哈佛大学教授狄尔和麦肯锡咨询顾问爱伦·肯尼迪认为，组织文化的构成要素有环境、价值观、英雄人物、礼节及仪式、文化网络。

123.【答案】B。解析：由于组织战略在制定过程中，受到各种因素的限制，制定的战略不一定是最佳的，而且在战略实施过程中由于环境变化比较大，因此，战略实施时要坚持适度合理性原则，只要在主要的战略目标上基本达成了战略预定目标，就认为这一战略的制定及实施是成功的。

124.【答案】A。解析：战略控制的基本控制要素包括确定标准、衡量成效、纠正偏差。

125.【答案】D。解析：根据管理活动所依据的对管理对象人性的假设、针对的管理对象需要的层次以及管理者运用权力的不同，将管理活动分为：刚性的管理方法和柔性的管理方法。刚性管理方法包括：法律方法、行政方法、经济方法。柔性管理方法包括：传播方法、情感方法、心理方法。

126.【答案】D。解析：组织文化是在长期的实践活动中所形成的并且为组织成员普遍认可和遵循的具有本组织特色的价值观念、团体意识、工作作风、行为规范和思维方式的总和。组织文化会受到组织环境的影响，在不同的环境条件下会要求有不同的表现形式。D 项错误。

127.【答案】C。解析：群体决策的缺点是消耗时间长、少数人统治、屈从压力、责任不清。

128.【答案】B。解析：经济管理方法具有诱导性、间接性、灵活性和平等性等特点。

129.【答案】D。解析：人员技能技巧培训的内容包括：高层人员应具备的战略目标的制定实施、领导力及概念性技能培训；中层人员应具备的目标管理、时间管理、有效沟通、计划实施、团队合作、品质管理、人际交往等技能的培训；基层人员应具备的按计划、按流程、按标准等操作实施技能的培训。由此可知，D 项错误。

专项二 多项选择题

1.【答案】BD。解析：选项均为加强品牌建设的举措，题干问属于企业角度的建设举措，因此，选择 B、D 两项。A、C 两项是从政府角度考量的。

2.【答案】BD。解析：原来以房地产起家，后来开始投资一些电影、娱乐旅游、食品等行业投资，把业务扩展到其他行业中去，新产品、新业务与企业的现有产品、技术、市场毫无关系，故为复合多元化。企业新发展的业务与原有业务之间没有明显的战略适应性，所增加的产品是新产品，服务领域，故为非相关多元化。

3.【答案】AD。解析：甲投资者有 100 万元，而乙投资者有 2 000 万元，乙投资者可以承担的风险水平要大于甲投资者，A 项正确。共享单车需投资 100 万元，且有 3 种获利方案供选择，甲、乙投资者均达到要求，均可以投资共享单车。

4.【答案】ABD。解析：非正式组织一般具有三种基本存在形式：水平集团、垂直集团和混合集团。水平集团是非正式组织的常见形式。

5.【答案】ABD。解析：物质需要、晋升需要和法定权利是在正式组织中得到满足的。心理需要、情感交流、社会交往需要是在正式组织中不能满足而只有在非正式组织中才能得到满足的。

6.【答案】BCD。解析：管理幅度是指领导机关或领导者直接领导下属的部门或人员的数额。管理层次是指从最高管理者到具体执行人员之间的不同管理层次。管理层次和组织效率成反

于个人权力范畴。

36.【答案】BC。解析:组织规模的增加会减少组织的外部交易成本。其原因是:(1)规模大的组织在寻找交易对象时所花费的成本较小,讨价还价实力强,节约谈判成本;(2)规模大的组织经营稳定性较强,对交易对手违反合约和协议的抵御能力较强,因此在履约成本上的开支较小组织少。组织规模的扩大会增加内部的组织成本带来的威胁。其原因是:(1)增加了组织复杂性,降低组织效率,从而增加管理成本;(2)增加了组织内部监控费用;(3)造成内部消耗增加。

37.【答案】ABD。解析:明确工作绩效差距可以通过三种方法:一是目标比较法,即将考评期内员工的实际工作表现与绩效计划的目标进行对比,寻求工作绩效的差距和不足的方法。二是水平比较法,将考评期内员工的实际业绩与上一期的工作业绩进行比较,衡量和比较其进步或差距的方法。三是横向比较法,在各部门或单位间,各员工间进行横向比较。

38.【答案】ABCD。解析:管理的目标是一个复杂的综合构成。(1)管理的目标一般是特定组织和群体全体成员共同认同的目标,不是管理者或组织成员的个人目标,是特定组织和群体成员目标的共同部分,而不包括他们之间的不同部分;(2)管理目标具有层次结构性,在既定的时空范围内,管理目标往往在一个总体目标下,包含着各个不同管理领域、不同单位、不同部门的分目标;(3)管理目标具有时间跨度的区别,按照实现时间的要求,管理目标往往包含近期目标和中长期目标;(4)管理目标具有多元价值性。

39.【答案】ABC。解析:为了有效发挥个体在工作中的动机,需要做好以下几个方面的工作:(1)应合理设置工作目标,协调好努力与绩效的关系;(2)贯彻功绩制原则;(3)领导者还应注意了解员工的需求,尽量使报酬与需要相对应。

40.【答案】AB。解析:从20世纪下半叶开始,决策和创新职能受到了管理界的普遍重视。管理者从某种意义上可以被看作是决策者,从另一种意义上也可以被看作是创新者,或者是具有企业家精神的管理者。

41.【答案】BD。解析:组织的外部环境有两个变动特性:一是不确定性;二是复杂性。

42.【答案】ACD。解析:在决策方面,经理人员要扮演企业家、故障处理者、资源分配者和谈判者的角色。

43.【答案】ACD。解析:科学管理理论的代表人物有弗雷德里克·温斯络·泰勒、卡尔·乔治·巴斯、亨利·甘特、吉尔布雷斯夫妇和亨利·福特。

44.【答案】CD。解析:定量预测法,又称分析计算法或统计预测法。它是在占有比较完整的历史资料的基础上,通过数据的整理分析,运用一定的模型或公式对预测对象的未来发展趋势做出定量测算的一种方法。定量预测方法有很多种,按照处理资料的不同,可分为时间序列法和因果预测法。

45.【答案】BCD。解析:在信息联系方面,经理人员主要扮演信息监听者、传播者和发言人的角色。

46.【答案】ABCD。解析:对决策者来说,要想使决策达到最优,必须要做到:容易获得与决策有关的全部信息;真实了解全部信息的价值所在,并据此制定所有可能的方案;准确预期到每个方案在未来的执行结果。

47.【答案】ABD。解析:对于管理者的培训,培训内容会随着管理层次、管理职能、职责任务

等的不同而不同。但一般而言，管理培训都包括以下内容：态度培训、技能技巧和应知应会的知识培训。

48.【答案】BC。**解析**：按照组织变革的侧重点的不同，可以将其分成五种类型：综合性变革、结构性变革、技术主导型变革、以人为中心的变革和以任务为基础的变革。

49.【答案】ABC。**解析**：菲德勒权变理论认为，影响领导风格有效性的环境因素主要有下列三个方面：(1)领导者和下属之间的关系。指领导者是否能得到下属的拥护、尊重和信任，是否能吸引并使下属愿意追随他，反映领导者的影响力和吸引力；(2)任务结构。这是指下属工作任务程序化和结构化的程度；(3)职位权力。这种权力是指与领导者职位相关的权力，即领导从上级和整个组织中所得到支持的程度。

50.【答案】ABCD。**解析**：常用的纠正偏差手段包括：行政手段、经济手段、文化手段和法律手段。

51.【答案】AB。**解析**：管理控制过程中的关键环节是纠正偏差，选项A当选。纠正偏差，可以将控制工作同管理的其他职能结合在一起，使管理过程形成一个相对开放的系统。选项B当选。根据控制活动进程的阶段，可以将控制划分为预先控制、过程控制和事后控制，目标确定后也可以进行纠偏。C项说法错误。进行控制首先遇到的问题是"控制什么"，这是在制定控制标准之前首先需要妥善解决的问题。D项说法错误。

52.【答案】ABCD。**解析**：实施情感方法的意义：(1)情感方法的运用是管理实践发展的必然要求；(2)情感方法的运用是发扬中国优秀管理传统的重要途径；(3)情感方法的运用是学习国外先进管理经验的组成部分；(4)情感方法是开发组织人力资源，有效提高管理对象积极性的重要手段。

53.【答案】ABCD。**解析**：管理者在制定工作计划时，可遵循以下步骤：估量机会→设定目标→确定计划前提条件→拟订备选方案→评价与选择方案→拟订备用计划或应急计划→拟订派生计划→编制预算。

12.在《中华人民共和国劳动合同法》(以下简称《劳动合同法》)中,用人单位可以解除劳动合同的情形,不包括(　　)。

A.严重违反用人单位的规章制度的

B.被本企业警告,通报批评的

C.在试用期间被证明不符合录用条件的

D.被追究刑事责任的

13.亲属权是指父母与成年子女,祖父母与孙子女,外祖父与外孙子女,以及兄弟姐妹之间的身份权。根据不同区别,其具体内容不包括(　　)。

A.监督权　　B.赡养权

C.抚养权　　D.申请权

14.王某一向不孝,胁迫母亲黄某立下遗嘱,将所有财产留给自己。随后,黄某因中风不能书写。她托人代写一份遗嘱,并将财产捐给慈善机构。对此,下列说法正确的是(　　)。

A.应以第一份遗嘱为准,由王某继承

B.应以第二份遗嘱为准,由慈善机构继承

C.王某与慈善机构共同继承

D.无从判断

15.丙公司在经营过程中因资金出现短缺,向某商业银行申请贷款,丙公司由该行办公室主任吴某的亲属投资。请你根据《商业银行法》的规定,判断该银行在贷款时的哪项做法违反了贷款的基本规则?(　　)

A.发放了一笔信用贷款

B.对贷款实行审贷分离、分级审批制度

C.与借款人订立了书面合同

D.对借款人的借款用途、偿还能力、还款方式等情况进行严格审查

16.某商业银行正在进行《合同法》知识大赛,其中涉及借款合同,根据你对《合同法》的理解,下列关于借款合同的说法中正确的是(　　)。

A.订立借款合同时,贷款人不得要求借款人提供担保,除非借款人自愿提供担保

B.借款人不得在还款期限届满之前向贷款人申请展期,即使贷款人同意,也不可以展期

C.贷款人未按照约定的日期、数额提供借款,造成借款人损失的,应当赔偿损失,借款人未按照约定的日期、数额收取借款的,应当按照约定的日期、数额支付利息

D.借款人没有按照约定的借款用途使用借款的,贷款人可以停止发放借款,但不可以解除合同

17.某银行对外提出了“误您一分钟,赔您一元钱”的储蓄服务承诺,从《合同法》角度看,与此口号不同的是(　　)。

A.假一罚十　　B.二人临柜,复核为准

C.不“火”不要钱　　D.童叟无欺

18.周文、郑武、张天、李元四人是大学同学,毕业后,四人共同开办了一家创意工厂,周文提供了经营场所、郑武和李元分别提供了 10 万元作为启动基金,张天提供自身的创意才华,负责

工厂的产品研发。周文和张天参与了工厂的日常经营,而郑武和李元没有参与,只按照约定参与年终盈利分红。那么,该创意工厂的合伙人是(　　)。

A.郑武、李元　　　　B.周文、张天

C.周文、张天、郑武和李元　　　　D.周文、郑武和李元

19.某民政局工作人员冯某利用职务便利挪用救济金2万元进行营利活动。冯某的行为构成何种犯罪?(　　)

A.挪用特定款物罪　　　　B.挪用公款罪

C.职务侵占罪　　　　D.挪用资金罪

20.根据《商业银行法》规定,商业银行以其(　　)独立承担民事责任。

A.股东投资额　　　　B.全部法人财产

C.全部资产　　　　D.全部资本金

21.《中华人民共和国物权法》(以下简称《物权法》)规定,除法律另有规定外,(　　)代表国家行使国有财产的所有权。

A.全国人大　　　　B.全国人大常委会

C.国家主席　　　　D.国务院

22.下列关于公司股东出资的表述,正确的是(　　)。

A.公司成立后,股东可以根据需要抽回出资

B.股东只能用货币进行出资

C.无论是有限责任公司还是股份有限公司,股东均可自由转让其出资

D.股东可以货币和非货币资产出资

23.有限责任公司的权力机构是(　　)。

A.股东会　　　　B.董事会

C.职工代表大会　　　　D.监事会

24.股票是股份公司发给股东的入股凭证,购买股票后,股东成为(　　)。

A.公司的债主　　　　B.企业的法人

C.公司的所有者　　　　D.企业的经营者

25.泄露个人信息属于侵犯了公民的(　　)。

A.财产权　　　　B.人格权

C.姓名权　　　　D.身份权

26.刘某在上海租赁房屋,租期未满因房东要提高租金而产生纠纷。2016年国庆,刘某回湖北老家向自己户籍所在地的人民法院提出诉讼请求。针对本案,可以成立的观点有(　　)。

(1)刘某户籍所在地法院以管辖范围为由不予立案

(2)刘某除起诉外还可以向有关机构申请调解和仲裁

(3)房东违背了合同履行的诚实信用与全面履行原则

(4)房东要以停止侵害、延长租期的方式承担民事责任

A.(1)(2)(3)　　　　B.(1)(2)(4)

C.(1)(3)(4)　　　　D.(2)(3)(4)

41.“谁可向谁,依据何种法律理由,主张什么?”这句话揭示了法律中的基本问题,下列理解错误的是(　　)。

A.“谁可向谁”表达的是指法律关系的主体

B.“主张什么”表达的是指法律关系的客体

C.“依据何种法律理由”是指法律关系是由法律调整的社会关系

D.没有法律上的依据,不能主张法律上的权利

42.保险合同的变更可以分为两种情形,一是合同主体的变更,二是合同内容的变更,属于合同主体变更的是(　　)。

A.保险价值的变更

B.标的数量的变更

C.保险金额的变更

D.被保险人的变更

43.按照《证券法》的规定,证券交易的条件是指在证券市场公开进行交易的证券必须符合法律规定的相关条件才能实现。以下选项中,关于证券交易条件的叙述不正确的是(　　)。

A.法律对其转让期限有限制性的规定,在限定期限内不得买卖

B.证券交易当事人依法买卖证券,必须是依法发行并交付的证券

C.我国公司法对股份有限公司发起人持有的股份转让限定为 5 年

D.经依法核准的上市股票,应在依法设立的证券交易所上市交易

44.在有限合伙和普通合伙的转换中,以下选项的表述错误的是(　　)。

A.普通合伙人转变为有限合伙人的,对其作为普通合伙人期间合伙企业发生的债务承担有限连带责任

B.当有限合伙企业仅剩普通合伙人时,有限合伙企业转变为普通合伙企业,并应当进行相应的变更登记

C.经全体合伙人一致同意,普通合伙人可以转变为有限合伙人,且有限合伙人可以转变为普通合伙人

D.当有限合伙企业仅剩有限合伙人的时候,则这个企业就不再是合伙企业,故此应当解散

45.人民法院受理破产后申请发生的费用中,为破产费用的是(　　)。

A.债务人财产受无因管理所产生

B.债务人财产致人损害所产生

C.管理、变价和分配债务人财产所产生的

D.因债务人不当得利所产生

46.《商业银行法》对存款人保护的表述,不正确的是(　　)。

A.商业银行应当保证存款本金和利息的支付,不得拖延、拒绝支付存款本金和利息

B.对个人储蓄存款,商业银行有权拒绝任何单位或者个人查询、冻结、扣划,没有例外

C.商业银行应当按照中国人民银行的规定,向中国人民银行交存存款准备金,留足备付金

D.办理个人储蓄存款业务,应当遵循存款自愿、取款自由、存款有息、为存款人保密的原则

47.《最高人民法院关于审理反倾销行政案件应用法律若干问题的规定》中,下列表述中不正确的是(　　)。

A.反倾销行政案件的被告,应当是作出相应被诉反倾销行政行为的国务院主管部门

B.与被诉反倾销行政行为具有法律上利害关系的其他国务院主管部门,可以作为第三人参加诉讼

C.与被诉反倾销行政行为具有法律上利害关系的自然人,可依法向人民法院提起民事诉讼

D.经依照法定程序审查,原告提供的证据具有关联性、合法性和真实性的,可以作为定案的根据

48.在票据权利的种类中,再付款请求权未能实现时发生的、持票人对从债务人所享有的,请求偿还票据所载金额及其他有关金额的权利,称为(　　)。

A.一次权　　　　B.追索权

C.直接权　　　　D.请求权

49.《公司法》规定:"公司以其全部财产对公司的债务承担责任。"以下选项对其意思的诠释,正确的是(　　)。

A.股东除承担对公司的出资义务外,还要承担其他连带责任

B.公司以其全部财产对公司债务独立承担责任

C.债权人有权就其未受偿部分要求公司股东以其个人财产清偿

D.公司属于无限责任公司

50.关于国家秘密的解密或延长保密期限,下列说法错误的是(　　)。

A.国家秘密的保密期限已满的,经有关机关、单位申请,由国家保密行政机关审核批准后解密

B.机关、单位对在保密期限内已经不需要继续保密的国家秘密,应当及时解密

C.机关、单位对需要延长保密期限的国家秘密,应当在原保密期限届满前重新确定保密期限

D.提前解密或者延长保密期限的,由原定密机关、单位决定,也可以由其上级机关决定

51.下列选项中,(　　)不能作为拒绝公开相关政府信息的理由。

A.公开信息将影响正常行政管理工作

B.相关信息涉及商业秘密

C.公开信息将影响经济安全

D.相关信息涉及他人隐私

52.下列关于行政赔偿程序的说法错误的是(　　)。

A.赔偿请求人要求赔偿,应当先向赔偿义务机关提出

B.赔偿请求人要求赔偿,可以在申请行政复议时一并提出

C.赔偿请求人要求赔偿,可以在提起行政诉讼时一并提出

D.赔偿请求人要求赔偿,可以直接提起行政赔偿诉讼

53.下列关于罪刑法定原则的说法正确的是(　　)。

A.罪刑法定原则既禁止不利于行为人的类推解释,也禁止有利于行为人的类推解释

B.罪刑法定原则要求禁止残虐的刑罚

68.以下不属于英美法系的特点的是(　　)。

A.以判例法为主要表现形式,遵循先例

B.变革相对缓慢,具有保守性

C.法官在法律发展中具有突出作用

D.成文法典是主要法律渊源

69.《中华人民共和国立法法》(以下简称《立法法》)规定全国人民代表大会及其常务委员会的立法程序主要有:

①法律的公布　　②法律草案的审议

③法律议案的提出　　④法律议案的表决和通过

上述立法程序按照时间先后顺序排列正确的是(　　)。

A.①②③④　　B.③②④①

C.③④②①　　D.②①④③

70.下列关于"法治"与"法制"区别的表述,错误的是(　　)。

A.法制是相对于非法律性质的社会规范而言的,法治则是相对于人治而言的

B.法治往往与民主、人权相关联,而法制既可与民主、人权也可与专制、特权相联系

C.法制主要解决有法可依的问题,法治则主要解决法制在治理国家中的地位和作用问题

D.法制是法治的前提和条件,法治是法制的实现和保障

71.我国最高人民法院发布的司法解释,必须经过其(　　)讨论通过。

A.大法官会议　　B.审判委员会

C.政策研究室　　D.院长、庭长联席会议

72.中华人民共和国的一切权力属于(　　)。

A.全国人民代表大会　　B.工人阶级

C.人民　　D.工农联盟

73.我国宪法的修改由全国人大(　　)。

A.代表的三分之二的多数通过

B.代表的三分之二以上的多数通过

C.全体代表的三分之二的多数通过

D.全体代表的三分之二以上的多数通过

74.对限制人身自由的行政强制措施不服提起的诉讼,由(　　)人民法院管辖。

A.户籍所在地　　B.经常居住地

C.单位所在地　　D.被告所在地或者原告所在地

75.下列属于执法活动的是(　　)。

A.李某遭王某殴打而向公安局报案

B.检察机关根据群众检举对某人的受贿行为进行侦查

C.税务人员认为张某有偷税嫌疑而查办该案件

D.法官出差办案途中发现两个人发生口角,依法律和事实对两人进行劝解

76.某歌舞厅内部设施不符合防火要求,有关行政部门强令其停业整顿,这种行为属于(　　)。

A.行政执行　　　　B.行政检查

C.行政调查　　　　D.综合治理

77.陈某趁珠宝柜台的售货员接待其他顾客时,伸手从柜台内拿出一个价值 2 300 元的戒指,握在手中。然后继续在柜台边假装观看。几分钟后售货员发现少了一个戒指并怀疑陈某,便立即报告保安人员。陈某见状,速将戒指扔回柜台内后逃离。关于本案,下列哪一说法是正确的?(　　)

A.陈某的盗窃行为已经既遂

B.陈某的盗窃行为属于未遂

C.陈某将戒指扔回柜台内属于预备行为

D.陈某将戒指扔回柜台内属于中止行为

78.甲在一刑事附带民事诉讼中,被法院依法判处罚金并赔偿被害人损失,但甲的财产不足以全部支付罚金和承担民事赔偿。下列关于如何执行本案判决的表述哪一项是正确的?(　　)

A.刑事优先,应当先执行罚金

B.应当先承担民事赔偿责任

C.按比例执行罚金和承担民事赔偿责任

D.承担民事赔偿责任后减免罚金

79.依据法律规定,在管制的判决和执行方面,下列哪一说法是不正确的?(　　)

A.管制的期限为 3 个月以上 2 年以下,数罪并罚时不得超过 3 年

B.对判处管制的犯罪分子,依法实行社区矫正

C.对于被判处管制的犯罪分子,在劳动中应酌量发给报酬

D.管制的刑期从判决执行之日起计算,判决执行以前先行羁押的,羁押一日折抵刑期二日

80.刑法分则某条文规定:犯 A 罪的,“处三年以下有期徒刑,并处或者单处罚金”。被告人犯 A 罪,但情节较轻,且其身无分文。对此,下列哪一判决符合该条规定?(　　)

A.甲法官以被告人身无分文为由,判处有期徒刑 6 个月

B.乙法官以被告人身无分文且犯罪情节较轻为由,判处有期徒刑 1 年,缓期 2 年执行

C.丙法官以被告人的犯罪情节较轻为由,判处拘役 3 个月

D.丁法官以被告人的犯罪情节较轻为由,判处罚金 1 000 元

81.关于缓刑,下列哪一选项是错误的?(　　)

A.对于累犯不适用缓刑

B.对于危害国家安全的犯罪分子,不适用缓刑

C.对于数罪并罚但宣告刑为 3 年以下有期徒刑的犯罪分子,可以适用缓刑

D.虽然故意杀人罪的法定最低刑为 3 年有期徒刑,但只要符合缓刑条件,仍然可以适用缓刑

82.关于假释,下列哪一选项是正确的?(　　)

A.被假释的犯罪分子,未经执行机关批准,不得行使言论、出版、集会、结社、游行、示威自由的权利

100.下列社会关系中属于民法调整的是(　　)。

①甲买彩票中奖后与税务机关发生的税收关系

②甲向乙借 100 元后形成的债务关系

③甲男与乙女的婚姻关系

④甲赠给其 18 岁侄女乙一台电脑

A.①②③　　B.①②④

C.①③④　　D.②③④

101.某市面皮店老板因使用“罂粟”,被检察院以生产、销售有毒、有害食品罪批准逮捕。该店侵害了顾客的(　　)。

A.人身权　　B.生命健康权

C.隐私权　　D.肖像权

102.法人、个体工商户也享有人身权,包括(　　)。

A.姓名权和名誉权　　B.名誉权和经营权

C.经营权和隐私权　　D.名称权和名誉权

103.某公司以一项发明专利作为质押,通过市中小企业信用担保有限责任公司担保,获得 5.7 亿元贷款融资。下列可以进行质押担保的是(　　)。

①债权　　②隐私权

③股权　　④知识产权

A.①②③　　B.①②④

C.①③④　　D.②③④

104.下列属于无效合同的构成要件的是(　　)。

①违反法律、行政法规的规定　　②采取欺诈、胁迫等手段订立

③劳动者与用人单位协商一致　　④遵循平等自愿原则

A.①③　　B.③④

C.①④　　D.①②

105.比较刑事诉讼、民事诉讼和行政诉讼三种形式,(　　)。

①内容各不相同　　②参加的主体各不相同

③诉讼权利各不相同　　④法律基础各不相同

A.①②③　　B.①②④

C.②③④　　D.①③④

106.小光今年 15 岁,涉嫌故意杀人被提起公诉,小光没有委托辩护人,其父母也未为其聘请,对此(　　)。

A.小光可以自行辩护,不必请辩护人

B.小光无需聘请辩护人,自己也无权辩护

C.法院应当为小光指定辩护人

D.法院可以为小光指定辩护人

107.某市法院对发生在一小区电梯里的抢劫案件做出判决,实施抢劫的左某一审被判处 13 年有期徒刑,并处罚金 2 万元。在本案中,承担举证责任的应该是(　　)。

A.人民检察院　　B.人民法院

C.被害人家属　　D.犯罪嫌疑人

108.公民在法律面前一律平等是指(　　)。

A.立法上平等　　B.守法平等

C.司法上平等　　D.法律的实施上平等

109.下列不属于我国法律渊源的是(　　)。

A.乡规民约　　B.行政法规

C.地方法规　　D.宪法

110.现行宪法规定,我国社会主义经济制度的基础是(　　)。

A.全民所有制　　B.集体所有制

C.国家所有制　　D.生产资料的社会主义公有制

专项二 | 多项选择题

1.《中华人民共和国民法总则》(以下简称《民法总则》)规定,承担民事责任的方式主要有(　　)。

A.赔偿损失　　B.停止侵害

C.返还财产　　D.赔礼道歉

2.《公司法》规定,公司营业执照应当载明的资本事项中不包括(　　)。

A.发行资本　　B.认购资本

C.注册资本　　D.实缴资本

3.X 公司为支付货款向 Y 公司开具一张金额为 50 万元的银行承兑汇票,付款银行为甲银行。X 公司收到 Y 公司货物后发现有质量问题,立即通知甲银行停止付款。另外,X 公司尚欠甲银行贷款 60 万元未清偿,Y 公司尚欠甲银行贷款 80 万元未清偿。下列说法错误的有(　　)。

A.甲银行可以 X 公司尚欠其贷款未还为由拒绝付款

B.甲银行可以 Y 公司尚欠其贷款未还为由拒绝付款

C.X 公司有权以货物质量瑕疵为由请求甲银行停止付款

D.如甲银行在接到 X 公司通知后仍向 Y 公司付款,由此造成的损失甲银行应承担责任

4.某公司向银行申请贷款,并约定以质押的形式提供担保。下列可作为质押物的有(　　)。

A.某有限责任公司股权　　B.某项技术专利权

C.厂房及生产设备　　D.应付账款

5.李明与王强书面约定李明向王强借款 10 万元,未约定利息,也未约定还款期限。下列说法正确的有(　　)。

A.借款合同自王强向李明提供借款时生效

B.王强可以要求李明按照银行同期同类贷款利率支付利息

C.经王强催告,李明仍不还款,王强有权主张逾期利息

D.王强有权随时要求李明返还借款

C.全国人大常委会　　　　　　　　　　D.中共中央委员会

23.宪法的地位主要体现在(　　)。

A.在内容上,宪法规定国家最根本、最重要的制度和最基本的国策

B.在地位上,宪法在整个法律体系中处于最高的地位

C.在效力上,宪法是其他法律的立法依据,其他一般法律不得抵触宪法

D.在规范上,宪法是最根本的行为准则

24.中国共产党同各民主党派合作的基本方针包括(　　)。

A.长期共存　　　　　　　　　　B.互相监督

C.肝胆相照　　　　　　　　　　D.荣辱与共

25.我国行政法律规范的适用规则是(　　)。

A.法律溯及既往　　　　　　　　B.新法优于旧法

C.上位法优于下位法　　　　　　D.特别法优于一般法

26.下面关于行政许可设定的说法,哪些是正确的?(　　)

A.行业组织或者中介机构能够自律管理的,可以不设行政许可

B.省、自治区、直辖市人民政府在必要时,确需实施行政许可的,可以采用发布决定的方式设定行政许可

C.地方性法规可以对法律设定的行政许可作出具体的规定,必要时可以根据情况增设行政许可

D.地方性法规不得设定应当由国家统一确定的公民、法人或者其他组织的资格、资质的行政许可

27.行政程序法的基本原则包括(　　)。

A.回避原则　　　　　　　　　　B.相对方参与原则

C.效率原则　　　　　　　　　　D.程序公正原则

28.下列关于共同犯罪的表述,正确的有(　　)。

A.二人以上共同过失犯罪的,不以共同犯罪论处

B.对组织、领导犯罪集团的首要分子,按照犯罪集团的全部罪行处罚

C.事前与盗窃犯罪人通谋、事后为其销赃的行为,构成盗窃罪的共同犯罪

D.实行犯的实行行为超过了共同犯罪故意范围的,其他共同犯罪人对超出共同故意范围的行为不承担刑事责任

29.成立正当防卫必须具备的条件有(　　)。

A.有危害社会的不法侵害行为发生

B.不法侵害正在进行

C.防卫行为是为了维护合法权益而实施

D.防卫行为不能明显超过必要限度造成重大损害

30.抗税罪的行为方式有(　　)。

A.暴力　　　　　　　　　　　　B.伪造

C.威胁　　　　　　　　　　　　D.行贿

31.根据我国《刑法》第十七条第二款的规定,已满十四周岁不满十六周岁的人,犯(　　)的,应当负刑事责任。

A.故意杀人罪　　B.抢劫罪

C.贩卖毒品罪　　D.放火罪

32.根据我国《刑法》理论,下列犯罪形态适用“从一重处断”原则的是(　　)。

A.继续犯　　B.吸收犯

C.牵连犯　　D.想象竞合犯

33.刑法所称国家工作人员包括(　　)。

A.国家机关中从事公务的人员

B.国有企事业单位中从事公务的人员

C.人民团体中从事公务的人员

D.其他依法从事公务的人员

34.下列情形属于国家赔偿范围的有(　　)。

A.李某因盗窃被判刑,为达到保外就医目的而自伤

B.警察接到报警后,拒不出警造成财物被抢劫

C.警察王某的儿子玩王某的手枪走火,致人伤残

D.民事诉讼中,申请人张某提供担保后,法院未及时采取保全措施致使判决无法执行,给张某造成损失

35.法律关系主体成立所必需的两项能力是(　　)。

A.权利能力　　B.行为能力

C.民事能力　　D.刑事能力

36.以下属于选举基本原则的是(　　)。

A.普遍性原则　　B.平等性原则

C.直接选举和间接选举相结合原则　　D.秘密投票原则

37.以下关于选举制度的说法中,正确的是(　　)。

A.依法剥夺政治权利期间及未满 18 周岁者不享有选举权和被选举权

B.每位选民在一次选举中只有一次登记权和投票权

C.选民或原选举单位都有权罢免自己选出的代表

D.选举费用由国库开支

38.我国的人民代表大会制度可以概括为(　　)。

A.国家的一切权力属于人民

B.人民通过民主选举产生全国人民代表大会和地方各级人民代表大会

C.国家行政机关、审判机关、检察机关都由人民代表大会产生,对它负责,受它监督

D.全国人民代表大会和地方各级人民代表大会对人民负责,受人民监督

39.驾驶执照属于(　　)。

A.一般许可　　B.特殊许可

C.独立许可　　D.附文件许可

55.姜老太太为给过世的丈夫的发明索取报酬,进行了长达三年的维权诉讼。在死者的遗产中,他的发明属于(　　)。

A.智力成果权　　B.知识产权

C.著作权　　D.专利权

56.下列关系中属于民事法律关系的是(　　)。

A.与某企业签订购销合同的某行政机关

B.故意打碎他人贵重花瓶的某中学生

C.与某市场商贩发生合同纠纷的某商人

D.英国留学生违背交通规则开车撞人行为

参考答案及解析

专项一　单项选择题

1.**【答案】**D。**解析**:《商业银行法》第四十三条规定,“商业银行在中华人民共和国境内不得从事信托投资和证券经营业务,不得向非自用不动产投资或者向非银行金融机构和企业投资,但国家另有规定的除外。”

2.**【答案】**A。**解析**:《合同法》第六十二条第三款规定,“履行地点不明确,给付货币的,在接受货币一方所在地履行;交付不动产的,在不动产所在地履行;其他标的,在履行义务一方所在地履行。”

3.**【答案】**A。**解析**:《证券法》第五十条规定,“股份有限公司申请股票上市,应当符合下列条件:(一)股票经国务院证券监督管理机构核准已公开发行;(二)公司股本总额不少于人民币三千万元;(三)公开发行的股份达到公司股份总数的百分之二十五以上;公司股本总额超过人民币四亿元的,公开发行股份的比例为百分之十以上;(四)公司最近三年无重大违法行为,财务会计报告无虚假记载。证券交易所可以规定高于前款规定的上市条件,并报国务院证券监督管理机构批准。”

4.**【答案】**B。**解析**:《证券法》第九十一条规定,“在收购要约确定的承诺期限内,收购人不得撤销其收购要约。收购人需要变更收购要约的,必须及时公告,载明具体变更事项。”

5.**【答案】**B。**解析**:法律责任,是指行为人由于违法行为、违约行为或者由于法律规定而应承受的某种不利的法律后果。

法律制裁,是指由特定国家机关对违法者依其法律责任而实施的强制性惩罚措施。法律制裁可分为刑事制裁、民事制裁、行政制裁和违宪制裁。

A 项赵某被学习留校察看处分不属于法律制裁,故不能选。C 项,甲公司不承担刑事责任。D 项水果摊主不用承担行政责任。

6.**【答案】**A。**解析**:《中华人民共和国消费者权益保护法》第七条规定,“消费者在购买、使用商品和接受服务时享有人身、财产安全不受损害的权利。消费者有权要求经营者提供的商品和

服务,符合保障人身、财产安全的要求。”

7.【答案】D。解析:借款合同转移的是货币的所有权,而非货币的使用权。

8.【答案】B。解析:《公司法》第五十九条规定,“一个自然人只能投资设立一个一人有限责任公司。该一人有限责任公司不能投资设立新的一人有限责任公司”。据此可知,法律并未禁止法人投资设立的一人有限责任公司投资设立新的一人有限责任公司,故子公司可自己单独出资再设立一家全资子公司。当子公司财产不足清偿债务时母公司不需对子公司的债务承担补充清偿责任,故A项错误。公司法定代表人依照公司章程的规定,由董事长、执行董事或者经理担任,并依法登记。据此可知,子公司的法定代表人依照公司章程的规定,由子公司的董事长、执行董事或者经理担任,并依法登记,不须由母公司的法定代表人担任。故C项错误。子公司的财产所有权属于子公司,由其独立使用,D项错误。

9.【答案】B。解析:合伙人的平等权利并不意味着每一个合伙人都必须同样地执行合伙事务,事实上,合伙事务的执行可以采取灵活的方式,只要全体合伙人同意即可。具体方式包括四种:

(1)由全体合伙人共同执行。这种方式适合于合伙人数较少的合伙。

(2)由各合伙人分别单独执行合伙事务。

(3)由一名合伙人执行合伙事务。即一名合伙人受托代表全体合伙人执行合伙事务。这种方式适合于人数较多的合伙。

(4)由数名合伙人共同执行合伙事务。即由全体合伙人委托数名合伙人执行合伙事务。这种方式同样适合于人数较多的合伙。每一合伙人有权将其对合伙事务的执行权委托其他合伙人代理,而自己不参与合伙事务的执行。

法人或其他组织作为合伙人的,其执行合伙事务由其委派的代表执行。

10.【答案】C。解析:公示催告程序的终结,有两种情况:一是经法院裁定终结公示催告程序;二是经法院判决终结公示催告。人民法院在公示催告期间,遇有下列情形之一的,应当裁定终结公示催告程序。①申请人在公示催告前撤回申请的,人民法院应予准许。申请人在公示催告期间撤回申请的,人民法院可以进行裁定终结公示催告程序。②利害关系人在公示催告期间或在申报权利期间届满后、除权判决作出之前申报权利的,人民法院应当裁定终结公示催告程序。③在申报权利期间没有人申报权利,或者申报权利被驳回,而申请人在1个月的法定期间内未申请人民法院作出除权判决的,法院应当裁定终结公示催告程序。

11.【答案】D。解析:《中华人民共和国个人独资企业法》第二十七条规定,“个人独资企业解散,由投资人自行清算或者由债权人申请人民法院指定清算人进行清算。”因此,个人独资企业的清算原则上以投资人为其清算人。但经债权人申请,人民法院得指定投资人以外的人为清算人。

12.【答案】B。解析:《动合同法》第三十九条规定,“劳动者有下列情形之一的,用人单位可以解除劳动合同:(一)在试用期间被证明不符合录用条件的;(二)严重违反用人单位的规章制度的;(三)严重失职,营私舞弊,给用人单位造成重大损害的;(四)劳动者同时与其他用人单位建立劳动关系,对完成本单位的工作任务造成严重影响,或者经用人单位提出,拒不改正的;(五)因本法第二十六条第一款第一项规定的情形致使劳动合同无效的;(六)被依法追究刑事责任的。”

13.【答案】A。解析:亲属权的内容包括:①父母与子女之间:一是父母对精神病成年子女有

行分配;(2)通过虚构债权债务关系将其出资转出;(3)利用关联交易将出资转出;(4)其他未经法定程序将出资抽回的行为。即,股东抽逃出资仍应承担相关民事责任。

34.【答案】C。解析:经营者集中达到国务院规定的申报标准的,经营者应当事先向国务院反垄断执法机构申报,未申报的不得实施集中。审查经营者集中,应当考虑下列因素:(1)参与集中的经营者在相关市场的市场份额及其对市场的控制力;(2)相关市场的市场集中度;(3)经营者集中对市场进入、技术进步的影响;(4)经营者集中对消费者和其他有关经营者的影响;(5)经营者集中对国民经济发展的影响;(6)国务院反垄断执法机构认为应当考虑的影响市场竞争的其他因素。

35.【答案】C。解析:乙的行为属于无因管理,故车费应当由甲承担。而乙对于甲手机的丢失并无故意或重大过失,故甲手机丢失的损失不由乙赔偿,此题正确答案为C选项。

36.【答案】A。解析:《中华人民共和国继承法》第十条规定:"遗产按照下列顺序继承:第一顺序:配偶、子女、父母。第二顺序:兄弟姐妹、祖父母、外祖父母。继承开始后,由第一顺序继承人继承,第二顺序继承人不继承。没有第一顺序继承人继承的,由第二顺序继承人继承。本法所说的子女,包括婚生子女、非婚生子女、养子女和有扶养关系的继子女。本法所说的父母,包括生父母、养父母和有扶养关系的继父母。本法所说的兄弟姐妹,包括同父母的兄弟姐妹、同父异母或者同母异父的兄弟姐妹、养兄弟姐妹、有扶养关系的继兄弟姐妹。"

37.【答案】B。解析:《民事诉讼法》第四十六条规定,院长担任审判长时的回避,由审判委员会决定;审判人员的回避,由院长决定;其他人员的回避,由审判长决定。

38.【答案】D。解析:《刑事诉讼法》第二十条规定,中级人民法院管辖下列第一审刑事案件:①危害国家安全、恐怖活动案件;A项不选。②可能判处无期徒刑、死刑的案件。C项不选。第二十一条规定,高级人民法院管辖的第一审刑事案件,是全省(自治区、直辖市)性的重大刑事案件。D项符合题意。第二十二条规定,最高人民法院管辖的第一审刑事案件,是全国性的重大刑事案件。B项不选。

39.【答案】D。解析:在没有法律规定的情况下,法官可以依照判例、习惯、法理进行裁判,不能保持沉默。

40.【答案】A。解析:法律渊源是指特定法律共同体所承认的具有法的约束力或具有法律说服力并能够作为法律人的法律决定之大前提的规范或准则来源的那些资料。最高人民法院指导性案例是我国法律的渊源。

41.【答案】C。解析:"依据何种法律理由"不是指法律关系,而是指当事人提出请求所依据的法律规范,C项错误。

42.【答案】D。解析:保险合同的主体变更主要指投保人、被保险人或受益人的变更。A、B、C三项均是保险合同内容的变更。

43.【答案】C。解析:《证券法》第三十七条规定,证券交易当事人依法买卖的证券,必须是依法发行并交付的证券。非依法发行的证券,不得买卖。B项正确。第三十八条规定,依法发行的股票、公司债券及其他证券,法律对其转让期限有限制性规定的,在限定的期限内不得买卖。A项正确。第三十九条规定,依法公开发行的股票、公司债券及其他证券,应当在依法设立的证券交易所上市交易或者在国务院批准的其他证券交易场所转让。D项正确。《公司法》第一百四十

一条规定，发起人持有的本公司股份，自公司成立之日起一年内不得转让。公司公开发行股份前已发行的股份，自公司股票在证券交易所上市交易之日起一年内不得转让。C 项错误。

44.【答案】A。解析：《合伙企业法》第八十四条规定，普通合伙人转变为有限合伙人的，对其作为普通合伙人期间合伙企业发生的债务承担无限连带责任。

45.【答案】C。解析：《中华人民共和国企业破产法》第四十一条规定，人民法院受理破产申请后发生的下列费用，为破产费用：(1)破产案件的诉讼费用；(2)管理、变价和分配债务人财产的费用；(3)管理人执行职务的费用、报酬和聘用工作人员的费用。

46.【答案】B。解析：《商业银行法》第二十九条规定，对个人储蓄存款，商业银行有权拒绝任何单位或者个人查询、冻结、扣划，但法律另有规定的除外。

47.【答案】C。解析：《最高人民法院关于审理反倾销行政案件应用法律若干问题的规定》第二条规定，与反倾销行政行为具有法律上利害关系的个人或者组织为利害关系人，可以依照行政诉讼法及其他有关法律、行政法规的规定，向人民法院提起行政诉讼。前款所称利害关系人，是指向国务院主管部门提出反倾销调查书面申请的申请人，有关出口经营者和进口经营者及其他具有法律上利害关系的自然人、法人或者其他组织。

48.【答案】B。解析：追索权指在付款请求权未能实现时发生的、持票人对从债务人所享有的、请求偿还票据所载金额及其他有关金额的权利。

49.【答案】B。

50.【答案】A。解析：《中华人民共和国保守国家秘密法》第十九条规定，国家秘密的保密期限已满的，自行解密。机关、单位应当定期审核所确定的国家秘密。对在保密期限内因保密事项范围调整不再作为国家秘密事项，或者公开后不会损害国家安全和利益，不需要继续保密的，应当及时解密；对需要延长保密期限的，应当在原保密期限届满前重新确定保密期限。提前解密或者延长保密期限的，由原定密机关、单位决定，也可以由其上级机关决定。

51.【答案】A。解析：《政府信息公开条例》第十四条规定，行政机关不得公开涉及国家秘密、商业秘密、个人隐私的政府信息。但是，经权利人同意公开或者行政机关认为不公开可能对公共利益造成重大影响的涉及商业秘密、个人隐私的政府信息，可以予以公开。从本条可以看出，公开信息将影响正常行政管理工作的，不能作为拒绝公开相关政府信息的理由。

52.【答案】D。解析：《中华人民共和国国家赔偿法》第九条规定，赔偿义务机关对依法确认有本法第三条、第四条规定的情形之一的，应当给予赔偿。赔偿请求人要求赔偿应当先向赔偿义务机关提出，也可以在申请行政复议和提起行政诉讼时一并提出。

53.【答案】B。解析：罪刑法定原则禁止不利于行为人的类推解释，但是不禁止有利于行为人的类推解释。A 项错误。罪刑法定原则的核心价值是限制公权力、保障人权。C 项错误。罪刑法定原则并非要求适用有利于行为人的法律，而是要求依法办事。D 项错误。禁止不均衡的、残虐的刑罚是罪刑法定原则的具体要求之一，B 项正确。

54.【答案】A。解析：不作为，是指行为人在能够履行自己应尽义务的情况下不履行该义务。本题中，甲负有救助妻子的义务，但甲却先救狗而导致妻子乙溺水过久死亡，甲的行为属于不作为。

55.【答案】A。解析：《刑法》第二十一条规定，为了使国家、公共利益、本人或者他人的人身、财产和其他权利免受正在发生的危险，不得已采取的紧急避险行为，造成损害的，不负刑事责任。

赔偿责任。”所以,B选项正确。

79.**【答案】**C。**解析:**依据《刑法》第三十八条和第六十九条的规定,管制的期限,为三个月以上二年以下。数罪并罚时管制最高不能超过三年。对判处管制的犯罪分子,依法实行社区矫正。所以A、B选项的内容本身是正确的。根据《刑法》第三十九条的规定,对于被判处管制的犯罪分子,在劳动中应当同工同酬。所以C选项内容本身是错误的。在劳动中应酌量发给报酬的是对判处拘役的犯罪分子的执行内容。根据《刑法》第四十一条的规定,管制的刑期,从判决执行之日起计算;判决执行以前先行羁押的,羁押一日折抵刑期二日。所以D选项不选。

80.**【答案】**D。**解析:**根据题意,对犯A罪的判决:一是判处三年以下有期徒刑;二是并处或者单处罚金。同时对被告人判处刑罚时还需要考虑其具有的法定情节或酌定情节。选项A、B的错误在于“身无分文”不属于酌定从轻判处刑罚的情节。选项C适用刑罚错误,应判处有期徒刑而不是拘役。解答本题首先需要看清题干,在正确理解题意之后方能准确作答。应注意题干中的“有期徒刑”、“并处或单处罚金”等关键词。

81.**【答案】**B。**解析:**根据《刑法》第七十四条的规定,对于累犯和犯罪集团的首要分子,不适用缓刑。所以A项正确。第七十二条规定,对于被判处拘役、三年以下有期徒刑的犯罪分子,同时符合下列条件的,可以宣告缓刑,对其中不满十八周岁的人、怀孕的妇女和已满七十五周岁的人,应当宣告缓刑:①犯罪情节较轻;②有悔罪表现;③没有再犯罪的危险;④宣告缓刑对所居住社区没有重大不良影响。宣告缓刑,可以根据犯罪情况,同时禁止犯罪分子在缓刑考验期限内从事特定活动,进入特定区域、场所,接触特定的人。被宣告缓刑的犯罪分子,如果被判处附加刑,附加刑仍须执行。由于刑法中各种减轻、免除处罚规定的存在,数罪并罚和故意杀人罪最后的宣告刑都有可能为3年以下,所以两者都有能够适用缓刑的可能,C、D均正确。刑法中并未明确规定危害国家安全的犯罪分子不可适用缓刑,所以B项错误。

82.**【答案】**D。**解析:**根据《刑法》第八十四条的规定,被宣告假释的犯罪分子,应当遵守下列规定:(1)遵守法律、行政法规,服从监督;(2)按照监督机关的规定报告自己的活动情况;(3)遵守监督机关关于会客的规定;(4)离开所居住的市、县或者迁居,应当报经监督机关批准。被假释的犯罪分子并未被剥夺政治权利,而A项是剥夺政治权利的情况,不是假释的规定。所以A项错误。《刑法》第八十一条第二款规定,对累犯以及因故意杀人、强奸、抢劫、绑架、放火、爆炸、投放危险物质或者有组织的暴力性犯罪被判处十年以上有期徒刑、无期徒刑的犯罪分子,不得假释。因此B、C两项说法错误。《刑法》第六十五条第二款规定,前款规定的期限,对于被假释的犯罪分子,从假释期满之日起计算。而假释考验期间再犯新罪的,由于刑罚还未执行完毕,不能构成累犯。所以D项正确。

83.**【答案】**C。**解析:**磋商有助于澄清争端、促进争端的解决。磋商是申请设立专家组的前提条件。故选C。

84.**【答案】**B。**解析:**《民法总则》第十三条规定,自然人从出生时起到死亡时止,具有民事权利能力,依法享有民事权利,承担民事义务。

85.**【答案】**B。**解析:**《中华人民共和国反垄断法》第八条规定,行政机关和法律、法规授权的具有管理公共事务职能的组织不得滥用行政权力,排除、限制竞争。这属于行政性垄断。

86.**【答案】**B。**解析:**我国《宪法》第四十六条规定,中华人民共和国公民有受教育的权利和

义务。国家培养青年、少年、儿童在品德、智力、体质等方面全面发展。由此可知,B 项当选。A、C、D 表述错误。

87.**【答案】**A。**解析**:宪法一旦制定出来不会轻易更改,这是宪法作为国家根本大法稳定性的要求,是宪法规范形式上的要求。C、D 不体现形式要求。

88.**【答案】**B。**解析**:我国《宪法》第十三条规定,公民的合法的私有财产不受侵犯。国家依照法律规定保护公民的私有财产权和继承权。国家为了公共利益的需要,可以依照法律规定对公民的私有财产实行征收或者征用并给予补偿。B 项错误,例如对犯罪分子的个人财产可以予以没收。

89.**【答案】**C。**解析**:我国《宪法》第八条规定,农村集体经济组织实行家庭承包经营为基础、统分结合的双层经营体制。

90.**【答案】**A。**解析**:我国的政权组织形式,即政体是人民代表大会制度。

91.**【答案】**B。**解析**:从我国的刑法规定来看,将刑事责任年龄划分为三个阶段,一是已满十六周岁的人犯罪,应当负刑事责任,为完全负刑事责任年龄阶段;二是已满十四周岁不满十六周岁的人,犯刑法规定的八类罪的,应当负刑事责任,为相对负刑事责任年龄;三是不满十四周岁的人不管实施何种危害社会的行为,都不负刑事责任,为完全不负刑事责任年龄,所以我国刑法规定的完全负刑事责任的最低年龄是 16 周岁。

92.**【答案】**C。**解析**:刑法三大基本原则分别是罪刑法定原则、罪责刑相适应原则、法律面前人人平等原则。因此,C 项正确。

93.**【答案】**D。**解析**:行政制裁包括行政处罚和行政处分。行政处罚的种类包括:警告,罚款,没收违法所得、非法财物,责令停产停业,暂扣或吊销许可证,暂扣或吊销执照,行政拘留;行政处分的种类包括:警告、记过、记大过、降级、撤职、开除。因此,D 项正确。

94.**【答案】**D。**解析**:我国《行政诉讼法》第三十三条规定,证据包括:(1)书证;(2)物证;(3)视听资料;(4)电子数据;(5)证人证言;(6)当事人的陈述;(7)鉴定意见;(8)勘验笔录、现场笔录。以上证据经法庭审查属实,才能作为认定案件事实的根据。网络评论不属于行政诉讼证据,因此,D 项当选。

95.**【答案】**B。**解析**:根据我国《行政复议法》的规定,有下列情形之一的,公民、法人或其他组织可以依法申请复议:

(1)对行政机关作出的警告、罚款、没收违法所得、没收非法财物、责令停产停业、暂扣或者吊销许可证、暂扣或者吊销执照、行政拘留等行政处罚决定不服的。

(2)对行政机关作出的限制人身自由或者查封、扣押、冻结财产等行政强制措施决定不服的。

(3)对行政机关作出的有关许可证、执照、资质证、资格证等证书变更、中止、撤销的决定不服的。

(4)对行政机关作出的关于确认土地、矿藏、水流、森林、山岭、草原、荒地、滩涂、海域等自然资源的所有权或者使用权的决定不服的。

(5)认为行政机关侵犯合法的经营自主权的。

(6)认为行政机关变更或者废止农业承包合同,侵犯其合法权益的。

(7)认为行政机关违法集资、征收财物、摊派费用或者违法要求履行其他义务的。

(8)认为符合法定条件,申请行政机关颁发许可证、执照、资质证、资格证等证书,或者申请行政机关审批、登记有关事项,行政机关没有依法办理的。

(9)申请行政机关履行保护人身权利、财产权利、受教育权利的法定职责,行政机关没有依

照银行同类贷款的利率计息。C 项正确。

6.【答案】ABD。解析:《商业银行法》第五十二条规定,商业银行的工作人员应当遵守法律、行政法规和其他各项业务管理的规定,不得有下列行为:①利用职务上的便利,索取、收受贿赂或者违反国家规定收受各种名义的回扣、手续费;②利用职务上的便利,贪污、挪用、侵占本行或者客户的资金;③违反规定徇私向亲属、朋友发放贷款或者提供担保;④在其他经济组织兼职;⑤违反法律、行政法规和业务管理规定的其他行为。A 项说法过于绝对,错误。《商业银行法》第三十九条规定,商业银行贷款,应当遵守下列资产负债比例管理的规定:……(3)对同一借款人的贷款余额与商业银行资本余额的比例不得超过百分之十;……第四十条规定,商业银行不得向关系人发放信用贷款;向关系人发放担保贷款的条件不得优于其他借款人同类贷款的条件。B、D 两项错误。

7.【答案】ABCD。

8.【答案】BCD。解析:《合伙企业法》第五十条规定,合伙人死亡或者被依法宣告死亡的,对该合伙人在合伙企业中的财产份额享有合法继承权的继承人,依照合伙协议的约定或者经全体合伙人一致同意,从继承开始之日起,即取得该合伙企业的合伙人资格。

第五十二条规定,退伙人在合伙企业中财产份额的退还办法,由合伙协议约定或者由全体合伙人决定,可以退还货币,也可以退还实物。

9.【答案】BD。解析:《中外合作经营企业法实施细则》第十八条规定,在依法取得中国法人资格的合作企业中,外国合作者的投资一般不低于合作企业注册资本的25%。在不具有法人资格的合作企业中,对合作各方向合作企业投资或者提供合作条件的具体要求,由对外贸易经济合作部规定。A 项错误。

第十九条规定,合作各方应当以其自有的财产或者财产权利作为投资或者合作条件,对该投资或者合作条件不得设置抵押权或者其他形式的担保。因此 C 项错误。

10.【答案】BCD。解析:《保险法》第十二条规定,人身保险是以人的寿命和身体为保险标的的保险。所以法人、未出生的胎儿不可以成为被保险人。

第三十三条规定,投保人不得为无民事行为能力人投保以死亡为给付保险金条件的人身保险,保险人也不得承保。父母为其未成年子女投保的人身保险,不受前款规定限制,但是,因被保险人死亡给付的保险金总和不得超过国务院保险监督管理机构规定的限额。

11.【答案】ABC。解析:民族乡是我国特有的、少数民族自己管理自己内部事务、依法行使当家作主权利的一种基层政权形式。

12.【答案】CD。解析:修改宪法是全国人民代表大会的职能;基本法律是以宪法为根据的由全国人大制定的最重要的法律,必须由全国人大来行使这些法律的制定权和修改权。

13.【答案】BD。解析:行为罚亦称能力罚,是行政主体对违反行政法律规范的行政相对方所采取的限制或剥夺其特定行为能力或资格的一种处罚措施。行为罚包括责令停产停业,暂扣或吊销许可证、执照两种形式。

14.【答案】ABD。解析:行政行为无效的法律后果:(1)被确认无效的行政行为自始不发生法律效力;C 项中自宣布无效之日起失去法律效力的说法错误。(2)行政相对人可以不受无效行政行为的拘束,可以去抵抗,可以不服从,因为它没有公定力,并有权提出异议;D 项正确。(3)有权的

国家机关可以在任何时候审查并宣布相应行政行为的无效,而不受时效的限制;A 项正确。(4)行政主体因该无效行政行为取得的利益均应返还相对人，并对由此给相对人带来的损失承担赔偿责任。B 项正确。

15.【答案】ABCD。解析:《行政复议法》第二十八条第三款规定,行政复议撤销决定的适用情形有:(1)主要事实不清、证据不足的;(2)适用依据错误的;(3)违反法定程序的;(4)超越或者滥用职权的;(5)具体行政行为明显不当的。

16.【答案】AD。解析:所谓共同犯罪,是指二人以上共同故意犯罪。要成立共同犯罪,必须要有两个以上的行为人、共同的故意和共同的行为。共同故意犯罪不仅是共同实施故意犯罪行为,共同实施犯罪预备行为也构成共同犯罪。本题中,“甲与乙共谋次日共同杀丙”,这就表明甲与乙在犯罪预备阶段有共同的故意和共同的行为,因此甲和乙是故意杀人的共犯。可以排除 B 选项。在共同犯罪中,共同的行为意味着各个共同犯罪人的行为都是共同犯罪行为的一个有机组成部分,不能将单个行为人的犯罪行为和共同犯罪行为割裂开。如果共同犯罪中的一个行为人的犯罪行为达到了既遂状态,也就意味着所有共同行为人的犯罪行为也达到了既遂状态。本题中,甲和乙共同实施了犯罪预备行为;在犯罪实施阶段,甲由于意志以外的原因没有参与,乙继续在甲和乙的共同故意的支配下实施了故意杀人的行为,并达到了既遂状态,甲作为共同犯罪人,其行为也自然达到了既遂状态。因此可以排除 C 选项。

17.【答案】ABD。解析:本题考查的知识点是不作为犯罪的作为义务来源。行为人负有实施某种积极行为的特定义务是构成不作为犯罪的前提。特定义务不能只是普通的道德上的义务。如果不存在这种特定义务,则根本不可能构成刑法的不作为犯罪。特定义务一般有三个来源:(1)法律明文规定的特定义务。并非法律规定的任何一种义务,都可以作为刑法中的不作为犯罪的根据。只有其他法律、法规所规定的义务且为刑法所承认,才是不作为的法律义务的根据。(2)职务上或业务上要求履行的义务。这一特定义务以行为人具有某种职务身份或从事某种业务并且正在执行为前提,否则,不发生履行该类义务的问题。(3)行为人的先行行为产生的义务。由于行为人先前实施的行为(简称先行行为),使某种合法权益处于遭受严重损害的危害状态,该行为人产生采取积极行为阻止损害结果发生的义务,这就是由先行行为引起的作为义务。

18.【答案】ABCD。解析:本题考查的知识点是:正当防卫的时间条件。正当防卫的时间条件,是指可以实施正当防卫的时间。理论上认为正当防卫的时间条件是不法侵害正处于已经开始并且尚未结束的进行阶段。法律基于正当防卫的立法目的是为了制止不法侵害、防止合法利益受到损害,故对防卫时间加以严格限定。不法侵害尚未结束,是指不法侵害行为或其导致的危害状态尚在继续中,防卫人可以用防卫手段予以制止或排除。在实践中,不法侵害已经完结、不法侵害人自动中止侵害、不法侵害人已被制服、不法侵害人已经丧失继续侵害的能力被认为是不法侵害已经终止,所以,本题的正确答案是 ABCD。

19.【答案】BCD。解析:本题考查的知识点是:处断的一罪的具体形态。处断的一罪,是指实质上构成数罪,但因其所具有的特征而被司法机关作为一罪处断的犯罪形态。处断的一罪包括连续犯、牵连犯和吸收犯三种,所以,本题的正确答案是 BCD。

20.【答案】ABCD。解析:法律效力的范围为时间效力、空间效力、对人的效力和对事的效力。

21.【答案】ABCD。解析:能够参与法律关系的主体,包括公民(自然人)、机构和组织(法

(1)警告;(2)罚款;(3)行政拘留;(4)吊销公安机关发放的许可证。”

42.【答案】ABCD。**解析**:行政行为无效的条件有:(1)行政行为具有特别重大的违法情形或具有明显的违法情形;(2)行政主体不明确或明显超越相应行政主体职权的行政行为;(3)行政主体受胁迫作出的行政行为;(4)行政行为的实施将导致犯罪;(5)没有可能实施的行政行为。所以,本题答案全选。

43.【答案】ABD。**解析**:本题考查的知识点是:告诉才处理的犯罪。《刑法》第九十八条规定:“本法所称告诉才处理,是指被害人告诉才处理。如果被害人因受强制、威吓无法告诉的,人民检察院和被害人的近亲属也可以告诉。”我国的刑法分则中总共规定了四种告诉才处理的犯罪,即侮辱罪、诽谤罪,暴力干涉婚姻自由罪,虐待罪,侵占罪。遗弃罪,不是告诉才处理的犯罪,而是公诉犯罪。

44.【答案】BC。**解析**:本题考查的知识点是:犯罪构成客观方面的选择要件。刑法学理论通说认为,在犯罪构成客观方面中,只有危害行为(犯罪行为)是其必要要件,其他客观方面的要件都是客观方面的选择要件,如犯罪的时间、地点、方法等。犯罪客体是与犯罪客观方面相并列的犯罪构成要件,不是犯罪构成客观要件中的必要要件,故本题的正确答案是 BC。

45.【答案】BC。**解析**:本题考查的知识点是:司法解释的主体。司法解释是司法机关对刑法规范含义进行的阐明。在我国, 有权作出司法解释的机关只有最高人民法院和最高人民检察院,所以,本题的正确答案是 BC。

46.【答案】BD。**解析**:根据《物权法》第七十四条规定,建筑区划内,规划用于停放汽车的车位、车库应当首先满足业主的需要。建筑区划内,规划用于停放汽车的车位、车库的归属,由当事人通过出售、附赠或者出租等方式约定。占用业主共有的道路或者其他场地用于停放汽车的车位,属于业主共有。据此,地下停车场的所有权并不因住户购买楼上的楼房就当然取得,即地下停车场属于专有部分。B 公司有权转让,C 公司合法受让地下停车场,作为新的所有权人,有权决定停车场的使用方式。王某等住户可以根据其与 B 公司的购房合同追究 B 公司的违约责任。

47.【答案】AC。**解析**:共同危险行为又叫准共同侵权行为,所以 A 正确。《侵权责任法》第八条规定,二人以上共同实施侵权行为造成他人损害的,应当承担连带责任。本题中,致伤的石头无法分辨是小李还是小张掷的,但双方都掷了一些石头,构成共同危险行为,应共同承担损害赔偿责任。由于小李与小张都是未成年人,应由其监护人承担赔偿责任。C 为正确答案。

48.【答案】AC。**解析**:根据《婚姻法》第十八条的规定,一方因身体受到伤害获得的医疗费、残疾人生活补助费等费用为夫妻一方的财产。所以“20 万元属于胡某的个人财产”是正确的。根据《婚姻法》第十七条的规定,在婚姻关系存续期间一方依法继承的财产归夫妻共同所有。所以“5 万元属于赵女的个人财产”是错误的。

有关房屋是赵女婚前的财产,根据《婚姻法》第十八条的规定,一方的婚前财产为夫妻一方的财产。且《婚姻法解释(一)》第十九条明确规定,《婚姻法》第十八条规定为夫妻一方所有的财产,不因婚姻关系的延续而转化为共同财产。所以,房屋应属于赵女的个人财产。

最后,有关 4 万元的收益,《婚姻法解释(二)》第十一条规定,一方以个人财产投资取得的收益属于《婚姻法》第十七条规定的“其他应当归共同所有的财产”。所以,4 万元的收益应为夫妻共同财产,不应属于胡某个人财产。综上,选项 A、C 是正确的,选项 B、D 是错误的。

49.【答案】ABCD。

50.【答案】ABC。**解析**:我国《宪法》第四十二条规定,中华人民共和国公民有劳动的权利和义务。国家通过各种途径,创造劳动就业条件,加强劳动保护,改善劳动条件,并在发展生产的基础上,提高劳动报酬和福利待遇。劳动是一切有劳动能力的公民的光荣职责。国有企业和城乡集体经济组织的劳动者都应当以国家主人翁的态度对待自己的劳动。国家提倡社会主义劳动竞赛,奖励劳动模范和先进工作者。国家提倡公民从事义务劳动。国家对就业前的公民进行必要的劳动就业训练。

51.【答案】BC。**解析**:所谓积极受益权,是指公民可以积极主动地向国家提出请求,国家也应积极予以保障。除了财产权和继承权外,公民享有的其他社会经济、文化教育权利、劳动权、劳动者休息权、物质帮助权和受教育权都属于积极受益权。与积极受益权相对的是消极权利,是指公民行使该项权利一般不需要国家积极地保障,国家仅负有不侵犯其合法行使权利以及该项权利受到侵害时予以救济的义务。

52.【答案】ABCD。**解析**:我国《行政处罚法》第三十四条规定,行政处罚决定书应当载明当事人的违法行为、行政处罚依据、罚款数额、时间、地点以及行政机关名称,并由执法人员签名或者盖章。

53.【答案】ABC。**解析**:人民代表大会制度是根本政治制度,政治协商、民族区域自治和基层群众自治是基本政治制度。我国根本制度是社会主义制度,D 错误。

54.【答案】ABD。**解析**:合同,只要双方当事人意思达成一致便可成立,如果法律对合同没有特定要求,则只要双方意思达成一致便可受到法律保护,没有必要非要签订书面合同,故 C 错误。合同中大多数是双务合同,一般来说,双务合同双方当事人之间的权利和义务是对等的,故 A 对。在合同中,权利义务受法律保护,对双方当事人都具有约束力,任何一方违反了约定的义务,都要承担相应的法律责任,B、D 正确。

55.【答案】AB。**解析**:智力成果权即知识产权,是指公民、法人对自己创造的智力活动成果依法享有的人身权利和财产权利,诸如发现权、发明权和其他科技成果权利的总称。故发明属于知识产权,是智力成果权,故 A、B 正确;发明不属于著作权,故 C 项排除。发明是专利权的一种,但发明成为专利,必须经过国家知识产权局审查。D 项排除。

56.【答案】ABC。**解析**:根据民事法律规范确立的以民事权利义务为内容的社会关系,是由民事法律规范调整而形成的社会关系。判断一个社会关系是否属于民事法律关系的核心在于,是否有民事法律规范对这一部分社会关系进行调整。民事法律关系的主体发生在平等的公民之间、法人之间、公民和法人之间;A 项,虽然一方主体是行政机关,但其从事的购销行为并未利用职权,属于民事法律关系。B 项,某中学生故意打碎他人贵重花瓶触犯了我国的《侵权责任法》,属于民事法律关系;C 项,合同纠纷适用《合同法》的相关规定,因此 C 项属于民事法律关系;D 项,英国留学生构成轻微的违法行为,如果造成严重后果,则可能构成刑事犯罪,因此不属于民事法律关系。

16.随着智能手机和网络的发展，移动支付应用越来越广泛，使人们的观念和生活方式发生改变，下列关于移动支付技术的说法中，正确的是(　　)。

A.移动支付改变了人们的生活方式，体现了技术的创新性

B.移动支付功能改变人们的观念，体现了技术具有解放人的作用

C.移动支付应用了智能手机、通信网络、金融管理等方面的知识，体现了技术的综合性

D.移动支付在没有通信信号的地方无法使用，体现了技术的两面性

17.防火墙是在网络和不可信任的外界之间的一道屏障，用以保护自身网络的安全性，其目的是(　　)。

A.保护自身网络不受病毒攻击

B.使自身网络与另一个网络物理隔离

C.使自身网络不与外界网络发生的数据交换

D.保护自身网络不受另一个网络的攻击

18.操作系统能提供给编程人员的接口是(　　)。

A.库函数　　B.系统调用　　C.机器语言　　D.汇编语言

19.在计算机网络中，所有的计算机均连接到一条通信线路上，在线路两端连有防止信号发射的装置，这种拓扑结构是(　　)。

A.星形拓扑　　B.环形拓扑　　C.树形拓扑　　D.总线型拓扑结构

20.下列哪项不是实现数据库安全性控制的常用方法和技术？(　　)

A.用户识别与鉴别　　B.审计

C.存储控制　　D.模块化

21.2015 年羊年春晚，微信“摇一摇”创造了全民欢快互动的历史，观众们只需打开微信，在“发现”里面选择“摇一摇”，接着点击歌曲，对着电视摇一摇，既能摇到红包，或者获取正在直播节目明星拜年祝福、春节主题贺卡等。对着电视摇一摇连接到对应的网页运行了(　　)。

A.语音识别技术　　B.字符识别技术

C.指纹识别技术　　D.机器翻译技术

22.在 SAN 存储网络中，关于光纤通道交换机的叙述不正确的是(　　)。

A.光纤通道交换机有着许多不同的功能，包括支持 GBIC、环操作和多管理接口等

B.通常软件的功能都是基本相同的，只是硬件采用不同的架构和不同的 ASIC 芯片

C.高冗余的核心级交换机往往是根据自己的硬件容错平台开发设计的特殊硬件架构

D.光纤交换机的端口传输速度一般都在 100Mbps、400Mbps、1Gbps 以上

23.软件测试技术是软件工程的重要组成部分，以下属于是否需要执行被测试软件的分类是(　　)。

A.白盒测试和黑盒测试　　B.系统测试和验收测试

C.单元测试和集成测试　　D.静态测试和动态测试

24.在 TCP/IP 协议中，FTP 是基于 TCP 的服务，它使用两个端口，即(　　)。

A.一个静态端口和一个动态端口　　B.一个数据端口和一个命令端口

C.一个主机端口和一个客户端口　　D.一个主动端口和一个被动端口

25.接收端收到一个完成的字后，不能立即译码，还需要等到下一个字考试接收后才能判断是否开始译码，这种码称为(　　)。

A.非即时码　　B.异前置码　　C.非延长码　　D.异字头码

26.在智能手机的应用中，根据手机二维码的应用业务形态不同可分为(　　)。

A.加密类和明码类　　B.信息类和购物类

C.直接类和间接类　　D.被读类和主读类

27.自动程序设计的实现途径有四种方式，其中对于所有满足条件的输入，要求定理证明程序证明存在一个满足输出条件的输出，从该证明中析取出所有欲生成的程序，一般称这种方法为(　　)。

A.实例推广　　B.程序转化　　C.过程实现　　D.演绎综合

28.运用企业系统规划法进行管理信息系统规划时，基本原则之一是(　　)。

A.先“自上而下”识别和分析，再“自下而上”设计

B.先“自下而上”识别和分析，再“自下而上”设计

C.先“自下而上”识别和分析，再“自上而下”设计

D.先“自上而下”识别和分析，再“自上而下”设计

29.服务器是计算机网络的重要设备，代理服务器(Proxy Server)的基本功能就是代理网络用户去获取网络信息，但不包括以下(　　)的功能。

A.对登录客户进行分级管理　　B.为登录用户分配 IP 地址

C.在内网外网之间充当防火墙　　D.允许使用大量的伪 IP 地址

30.数据恢复软件包含逻辑恢复和物理恢复功能，以下属于逻辑层数据恢复的是(　　)。

A.磁头移位　　B.盘片坏道　　C.电脑不识别　　D.分区丢失

31.数据库管理系统 DBMS 是一种操纵和管理数据库的大型软件，以下关于数据库管理系统能的技术特点的表述，错误的是(　　)。

A.为用户提供了方便的用户接口　　B.具有较高的数据和程序的独立性

C.增加了系统的脆弱性　　D.采用复杂的数据模型

32.在云计算系统中，云存储的核心是(　　)。

A.数据协同和存储　　B.数据共享和存储

C.数据存储和集群　　D.数据存储和管理

33.在要求硬盘安全性能较高时，可以采用磁盘阵列技术，以下的叙述错误的是(　　)。

A.使用专用磁盘阵列卡来实现由多块物理硬盘组成的硬件阵列

B.通过网络操作系统提供的磁盘管理功能，可以实现软件阵列

C.RAID 0 是跨盘连接，只是提高了数据读写速度而无冗余功能

D.凡是使用独立磁盘冗余阵列技术的硬件阵列都能提高可靠性

34.关于人工神经网络的特点，表述不正确的是(　　)。

A.人工神经网络具有自学习的功能

B.人工神经网络具有联想存储功能

C.人工神经网络具有高速寻找优化解的能力

51.Web 文档有三种,即静态文档、动态文档和主动文档,下列对这三种文档的描述中错误的是(　　)。

A.静态文档的优点在于它简单、可靠、访问速度快

B.动态文档的内容是变化的,它能显示变化着的信息,不会过时

C.主动文档的主要缺点是创建和运行比较复杂,同时缺少安全性

D.动态文档的创建者需要使用脚本语言

52.下列有关“双通道内存技术”的表述中,不正确的一项是(　　)。

A.利用两个可以彼此独立的内存控制器

B.理论上,可使得内存带宽提高 1 倍

C.理论上,可使得数据存取速度提高 1 倍

D.一种不需要主板芯片组的技术

53.不同格式的图像文件其数据编码方式有所不同,通常对应于不同的应用。在下列图像文件格式中,制作网页时用得最多的是(　　)。

A.GIF 与 JPEG　　B.GIF 与 BMP

C.JPEG 与 BMP　　D.GIF 与 TIF

54.关于蓝牙,以下说法错误的是(　　)。

A.蓝牙可以让支持蓝牙的设备自动上网

B.蓝牙是无线数据和语言传输的开放式标准

C.蓝牙协议能使包括智能手机、笔记本电脑、蓝牙鼠标等设备之间进行信息交换

D.蓝牙的有效传输距离是 10 米左右

55.操作系统的主要作用不包括(　　)。

A.管理系统中的各种软硬件资源

B.播放多媒体计算机系统中各种数字音频和视频文件

C.为用户提供友善的人机界面

D.为应用程序的开发和运行提供一个高效的平台

56.能将高级语言源程序转换成目标程序的是(　　)。

A.编译程序　　B.解释程序

C.调试程序　　D.编辑程序

57.在下列关于数据库技术的描述中,错误的是(　　)。

A.关系模型是目前在 DBMS 中使用最广泛的数据模型之一

B.从组成上来看,数据库系统由数据库和应用程序组成,它不包括 DBMS 及用户

C.SQL 语言不限于数据查询,还包括数据操作、定义、控制和管理等多方面的功能

D.OFFICE 软件包中的 ACCESS 软件是数据库管理系统

58.在工作中,小周不慎将计算机的电源线拔掉,导致计算机断电关机。下列存储器中,原存信息丢失可能性最大的是(　　)。

A.软盘存储器　　B.ROM 存储器

C.半导体 RAM 存储器　　D.硬盘存储器

59.下面有关计算机的叙述中,正确的是(　　)。

A.计算机的主机只包括 CPU

B.计算机程序必须装载到内存中才能执行

C.计算机必须具有硬盘才能工作

D.计算机键盘上字母键的排列方式是随机的

60.在 Word 的编辑状态,文档窗口显示出水平标尺,则当前的视图方式(　　)。

A.一定是普通视图或页面视图方式

B.一定是页面视图或大纲视图方式

C.一定是全屏显示视图方式

D.一定是全屏显示视图或大纲视图方式

61.下列关于光纤通信的说法,不正确的是(　　)。

A.光纤通信的特点之一是容量大、损耗小

B.光纤通信应在信源与信宿之间进行电/光、光/电的转换

C.全光网指的是光信号在传输过程中不需要进行电/光、光/电的转换

D.光纤通信只适合于超远距离通信,不适合近距离通信

62.衡量一台计算机优劣的主要技术指标通常是指(　　)。

A.所配备的系统软件的优劣

B.CPU、运算速度和存储容量等

C.显示器的分辨率、打印机的配置

D.硬盘容量的大小

63.对处于还原状态的 Windows 应用程序窗口,不能实现的操作是(　　)。

A.最小化　　B.最大化　　C.移动　　D.旋转

64.扩展名为.MOV 的文件是(　　)。

A.音频文件　　B.视频文件　　C.图片文件　　D.文本文件

65.在 Word 的“字体”对话框中,可设定文字的(　　)。

A.缩进　　B.间距　　C.对齐　　D.行距

66.在 Excel 中,如果用图表表示某个数据系列各项数据与该数据系列总和的比例关系时,最好用(　　)描述。

A.柱形图　　B.饼图　　C.散点图　　D.折线图

67.计算机启动后,不可能通过 CMOS 设置程序进行设定的是(　　)。

A.更改系统的日期

B.设置开机密码

C.改变启动设备(如选择以硬盘、光盘或 U 盘启动)

D.调整内存大小

68.下列不属于操作系统的是(　　)。

A.Windows　　B.Unix　　C.Java　　D.Linux

69.要把插入点光标快速移到 Word 文档的尾部,应按组合键(　　)。

A.Ctrl+PageUp　　B.Ctrl+↓

C.Ctrl+Home　　D.Ctrl+End

70.在 Word 软件中,下列不属于“字体属性”的是(　　)。

A.字号　　B.文字颜色　　C.下划线　　D.首行缩进

7.下列显示器的性能参数中,对图像显示质量有影响的参数有(　　)。

A.屏幕尺寸　　B.显示分辨率

C.可显示颜色数目　　D.刷新速率

8.以下关于针式打印机、激光打印机和喷墨打印机的叙述中错误的有(　　)。

A.针式打印机的耗材成本比激光打印机和喷墨打印机都高

B.针式打印机的工作噪音比激光打印机和喷墨打印机都大

C.三类打印机都可以多层套打

D.三类打印机的印刷原理是相同的

9.单元格的删除与清除的区别有(　　)。

A.删除单元格后不能撤销,清除单元格后可以撤销

B.删除单元格后会改变其他单元格的位置,而清除不会改变其他单元格的位置

C.清除只能清除单元格的内容、格式和批注,而删除将连同单元格本身一起删除

D.清除单元格按 Del 或 Delete 键,删除单元格选择“编辑”菜单中的“删除”命令

10.多媒体的关键技术是(　　)。

A.数字压缩技术　　B.数字解压缩技术

C.网络技术　　D.通信技术

11.PowerPoint 中可以使演示文稿的所有幻灯片有统一的外观,控制幻灯片外观的方法有(　　)。

A.设计模板　　B.母版　　C.配色方案　　D.幻灯片版式

12.下面关于 Internet 网上的计算机地址,(　　)是正确的。

A.使用域名或 IP 地址表示　　B.所有域名的长度是固定不变的

C.IP 地址是唯一的　　D.域名不是唯一的

13.以下几个数中,相等的数有(　　)。

A.FH　　B.15D　　C.17Q　　D.1110B

14.下列说法正确的是(　　)。

A.一个汉字用 1 个字节表示　　B.ASCII 码用 7 位二进制表示 128 个字符

C.汉字国标码的代号为 GB2312-80　　D.ASCII 码的最高位用作奇偶校验

参考答案及解析

专项一　单项选择题

1.**【答案】**A。**解析:**计算机管理系统是以计算机为工具,收集、存储、分析和处理数据,得出管理人员需要的信息的系统。其本质为数据仓库系统。

2.**【答案】**A。**解析:**“云安全(Cloud Security)”计划是网络时代信息安全的最新体现,它融合了并行处理、网格计算、未知病毒行为判断等新兴技术和概念,通过网状的大量客户端对网络中软件行为的异常监测,获取互联网中木马、恶意程序的最新信息,传送到 Server 端进行自动

分析和处理，再把病毒和木马的解决方案分发到每一个客户端。

3.【答案】A。解析：VR是Virtual Reality，译成中文即“虚拟现实”。虚拟现实技术是一种可以创建和体验虚拟世界的计算机仿真系统，它利用计算机生成一种模拟环境，是一种多源信息融合的、交互式的三维动态视景和实体行为的系统仿真，使用户沉浸到该环境中。

4.【答案】B。解析：星型拓扑结构的缺点，一旦中央节点发生故障，整个网络瘫痪。

5.【答案】C。解析：人工智能(Artificial Intelligence)，英文缩写为AI。它是研究、开发用于模拟、延伸和扩展人的智能的理论、方法、技术及应用系统的一门新的技术科学。

6.【答案】B。解析：相关性分组或关联规则，决定哪些事情将一起发生。

7.【答案】C。解析：图灵测试是测试人在与被测试者(一个人和一台机器)隔开的情况下，通过一些装置(如键盘)向被测试者随意提问。问过一些问题后，如果被测试者超过30%的答复不能使测试人确认出哪个是人、哪个是机器的回答，那么这台机器就通过了测试，并被认为具有人类智能。

8.【答案】A。解析：所谓“防火墙”，是指一种将内部网和公众访问网(如Internet)分开的方法，它实际上是一种隔离技术。防火墙是在两个网络通信时执行的一种访问控制尺度，它能允许你“同意”的人和数据进入你的网络，同时将你“不同意”的人和数据拒之门外，最大限度地阻止网络中的黑客来访问你的网络。防火墙主要是在网络使用者和网络之间设立一个屏障，但它并不能消除计算机病毒。

9.【答案】C。解析：SharePoint Workspace为企业用户提供基于微软SharePoint平台的方蝶工作流扩展。用户无需编写代码就可以快速、便捷地设计任务表单和业务流程，从而帮助企业用户进一步拓展SharePoint平台的内容管理，内外部协同和企业业务流程管理能力，并可将SharePoint平台和企业其他业务系统进行集成。

10.【答案】C。解析：软盘存取速度慢，容量也小，但可装可卸、携带方便。作为一种可移贮存方法，由于其价格低廉，在用于拷贝传递小文件时，是一个理想选择。缺点是不易保存，易损坏。由于采用磁介质，容易受到环境磁场干扰，导致数据丢失。

11.【答案】A。解析：声音信号的数字化过程包含三个步骤：采样、量化和编码。

12.【答案】A。解析：虚拟现实(VR)，看到的场景和人物全是假的，是把人的意识代入一个虚拟的世界。增强现实(AR)，看到的场景和人物一部分是真一部分是假，是把虚拟的信息带入到现实世界中。

13.【答案】C。解析：IPTV网络电视的功能可以概括为直播、点播、回看和交互功能四大方面。

14.【答案】A。解析：Volume是指容量，即数据的大小决定所考虑的数据的价值和潜在的信息，数据量大；Variety指种类，即种类和来源多样化；Value指价值，即合理运用大数据，以低成本创造高价值；Velocity指速度，即获得数据增长速度快，处理速度快，时效性要求高。所以答案是A选项。

15.【答案】C。解析：update studnet set age=age+1。

16.【答案】C。

17.【答案】D。解析：防火墙是保护内部网不受外部网络和黑客的攻击。防火墙不防病毒，不是隔离计算机网络的物理位置。

18.【答案】B。解析：人机接口指的是人控制计算机的接口是API函数。API(Application Programming Interface，应用程序编程接口)是一些预先定义的函数，目的是提供应用程序与开发人

38.【答案】A。解析:x86 代表 32 位操作系统,x64 代表 64 位操作系统。x64 较 x86 的最大优势:64 位 CPU GPRs 的数据宽度为 64 位,64 位指令集可以运行 64 位数据指令,也就是说处理器一次可提取 64 位数据(只要两个指令,一次提取 8 个字节的数据),比 32 位(需要四个指令,一次提取 4 个字节的数据)提高了一倍,理论上性能会相应提升 1 倍。故本题答案选 A。

39.【答案】A。解析:USB 3.0 标准要求 USB 3.0 接口供电能力为 1A,而 USB 2.0 为 0.5A。

40.【答案】A。解析:惰转时间指汽轮机在额定转速下,自截断向汽轮机送汽时开始,至转子完全停止转动所需的时间。A 项不符合题意。硬盘平均访问时间指磁头找到指定数据的平均时间,通常是平均寻道时间和平均潜伏时间(硬盘的等待时间)之和。故 BCD 项属于机械硬盘的基本参数。

41.【答案】B。解析:无线局域网络是相当便利的数据传输系统,它利用射频的技术,取代旧式碍手碍脚的双绞铜线所构成的局域网络,它基于 IEEE 802.11 标准的无线局域网允许在局域网络环境中使用可以不必授权的 ISM 频段中的 2.4GHz 或 5GHz 射频波段进行无线连接。

42.【答案】D。解析:高速缓冲存储器是存在于主存与 CPU 之间的一级存储器,由静态存储芯片(SRAM)组成,容量比较小但速度比主存高得多,接近于 CPU 的速度。

43.【答案】D。解析:宏病毒是一种寄存在文档或模板的宏中的计算机病毒。一旦打开这样的文档,其中的宏就会被执行,于是宏病毒就会被激活,转移到计算机上,并驻留在 Normal 模板上。从此以后,所有自动保存的文档都会“感染”上这种宏病毒,而且如果其他用户打开了感染病毒的文档,宏病毒又会转移到他的计算机上。可执行文件病毒依附在可执行文件或覆盖文件中,当病毒程序感染一个可执行文件时,病毒会修改原文件的一些参数,并将病毒自身程序添加到原文件中。

44.【答案】C。解析:根据 TCP/IP 协议规定,电脑端口可分为 TCP 端口和 UDP 端口两种。端口分类为,第一类:公认端口,从 0 到 1023,它们紧密绑定于一些服务。第二类:注册端口,从 1024 到 49151,它们松散地绑定于一些服务。第三类:动态和/或私有端口,从 49152 到 65535。

45.【答案】B。解析:IPv4 采用 32 位二进制书写,32 位二进制可以表示 2 的 32 次方个电脑,IPv6 采用 128 位二进制数书写,128 位二进制数可以表示 2 的 128 次方个电脑。故 IPv6 可以提供更多的 IP 地址。

46.【答案】C。解析:虚拟机指通过软件模拟的具有完整硬件系统功能的、运行在一个完全隔离环境中的完整计算机系统。顾名思义,虚拟机是虚拟的,这是虚拟机的软件从电脑资源中分出一部分的 CPU、内存、硬盘存储等,然后虚拟机软件把这些资源整合,组成了一台电脑,当然,这不能生成 CPU 等现实的硬件,所以才称为虚拟机。在这台“电脑”上,你可以靠虚拟机软件装系统,装软件,可以上网,和真实的那台电脑组成局域网,甚至同时运行的几台虚拟机也可以组成局域网。

47.【答案】C。解析:执行云计算的服务器不全是虚拟网络系统。

48.【答案】C。解析:物联网的概念是在 1999 年提出的,它指的是“物物相连的互联网”。这有两层意思:第一,物联网的核心和基础仍然是互联网,是在互联网基础上的延伸和扩展的网络;第二,其用户端延伸和扩展到任何物品与物品之间,进行信息交换和通讯。所以 C 项错误。

49.【答案】C。解析:20 世纪 60 年代初,美国贝尔实验室里,三个年轻的程序员编写了一个名为“磁芯大战”的游戏程序,游戏中通过复制自身来摆脱对方的控制,同时“吃掉”对方程序,这就是所谓“病毒”的第一个雏形。

50.【答案】D。解析:常见的操作系统有 Windows XP、Windows Vista、Windows 7、Linux/Unix

系统等。

51.【答案】B。

52.【答案】D。解析:双通道,其实是一种内存控制和管理技术,它依赖于芯片组的内存控制器发生作用,在理论上能够使两条同等规格内存所提供的带宽增长一倍。所以D是错误的。

53.【答案】A。解析:网页图像文件的格式很多,在网页中经常使用的只有3种,即GIF、JPG(也写为JPEG)和PNG。

54.【答案】A。

55.【答案】B。解析:操作系统的主要作用是控制和管理计算机系统内各种硬件和软件资源、合理有效地组织计算机系统的工作,为用户提供一个使用方便可扩展的工作环境,从而起到连接计算机和用户的接口作用。不包括播放多媒体计算机系统中各种数字音频和视频文件。

56.【答案】A。解析:将高级语言程序翻译成机器语言程序的软件称为翻译程序。翻译程序有两种:一种是编译程序,另一种是解释程序。编译程序是将用户编写的高级语言程序(源程序)的全部语句一次全部翻译成机器语言程序,而后再执行机器语言程序。解释程序是将源程序的一条语句翻译成对应于机器语言的一条语句,并且立即执行这条语句,接着翻译源程序的下一条语句,并执行这条语句。也就是说编译程序将源程序翻译成目标程序后再执行目标程序,而解释程序是逐条读出源程序并执行,即在解释程序中不产生目标程序。

57.【答案】B。解析:数据库系统一般由数据库、数据库管理系统(及其开发工具)、应用系统、数据库管理员和用户构成,B错误。

58.【答案】C。解析:ROM是只读存储器,即只解读出事先所存数据的固态半导体存储器,断电是不丢失数据的。只有RAM,随机存储器,关掉电脑,RAM数据是全部丢失的。

59.【答案】B。解析:A项,计算机主机有主板、CPU、内存、硬盘、还可能有显卡、声卡、网卡等。C项,计算机可以无盘工作,D项,键盘上的字母是按照使用频率的高低来排序的。

60.【答案】A。解析:在Word的编辑状态,文档窗口显示出水平标尺,则当前的视图方式为普通视图或页面视图。

61.【答案】D。解析:光纤通信速度快,既可用于超远距离通信,也可用于近距离通信。

62.【答案】B。解析:衡量一台计算机优劣的主要技术指标通常是看电脑的CPU、运算速度和存储容量。

63.【答案】D。解析:还原状态的Windows应用程序窗口可进行最小化、最大化及移动操作,不能实现旋转。

64.【答案】B。

65.【答案】B。解析:在Word的"字体"对话框中,可设定文字的间距,在Word的"段落"对话框中,可设定缩进、间距和行距。

66.【答案】B。解析:在Excel中,用饼图可以更好地表示某个数据系列各项数据与该数据系列总和的比例关系。

67.【答案】D。解析:内存大小是由计算机内存条的配置所决定的,不可以通过CMOS设置。

68.【答案】C。解析:Windows、Unix、Linux都是操作系统,而Java是一种开发语言,不属于操作系统。

69.【答案】D。解析:Ctrl+PageUp是向上翻页,Ctrl+↓表示光标移动到下一行,Ctrl+Home表

常识

专项一 | 单项选择题

1.当人们还在关注 AlphaGo 的时候,AlphaGo 已不再是地球上最好的棋手。新式高超的人工智能机器人(　)已经出现,它从零开始,仅仅通过自学使自己的游戏技能得以提高。在一场白热化对决中,它以 100:0 的不败战绩绝杀"前辈"。在每场对弈结束后,它实际上都训练了一个新的神经网络。

A.Ponanza　　B.Deepmind

C.Alpha Zero　　D.AlphaGo Zero

2.太阳能是太阳内部连续不断的(　)过程产生的能量。

A.核裂变反应　　B.核辐射反应

C.核衰变反应　　D.核聚变反应

3.量子卫星是中国科学院空间科学先导专项首批科学实验卫星之一,其主要科学目标是借助卫星平台,进行星地高速量子密钥分发实验,以期在(　)实用化方面取得重大突破。

A.空间量子通信　　B.高速量子计算

C.爱因斯坦质能方程　　D.空间量子力学

4.关于中国古代政治制度发展,下列说法错误的是(　)。

A.隋唐时期实行三省六部制,削弱了相权,加强了皇权

B.西汉时期实行刺史制度,加强了中央对地方的直接统治

C.战国时期秦国的商鞅变法,规定废分封、行县制,实行中央集权制度

D.明朝建立了行省制度,行省的作用主要是在为中央收权的同时兼替地方分留部分权力

5.纳米技术是利用电子的(　)进行工作的。

A.分解性　　B.波动性

C.粒子性　　D.变异性

6.羽毛球比赛应重发球的情况是(　)。

A.发球时,球过网后挂在网上或停在网顶

B.发球时,球拍拍框高于手握拍手的手腕

C.发球时,发球员和接发球员同时违例

D.发球时,球拍拍框过腰

7.由我国学者王大耜于1977年提出的“六届分类系统”,是在“五界分类系统”的基础上增加了(　　)。

A.原核生物界　　B.原生生物界

C.真菌界　　D.病毒界

8.天气预报中说的“湿度”是(　　)。

A.绝对湿度　　B.相对湿度

C.比较湿度　　D.气象湿度

9.体育运动中,运动员需要不时地擦一些白色的粉末,俗称“防滑粉”。那么,防滑粉的主要成分是(　　)。

A.钙　　B.铁

C.钠　　D.镁

10.“纳米盘”是网络存储的一种方式,但实际上,“纳米”是长度单位,一纳米等于(　　)分之一米。

A.10万　　B.100亿

C.100万　　D.10亿

11.以下不是我国邻国的是(　　)。

A.阿富汗　　B.巴基斯坦

C.印度　　D.伊拉克

12.以下救援原则中,不适当的是(　　)。

A.先救“生”,后救“人”

B.先救近,后救远

C.先救轻伤员、青壮年和医务人员

D.先救深埋的人员

13.现代生物起始于“生物大爆炸”时期,也就是寒武纪。那么,下列选项中生活于“生物大爆炸”时期的主要生物是(　　)。

A.三叶虫　　B.始祖鸟

C.银杏　　D.竹节石

14.由中国唐代鉴真和尚主持兴建的日本佛教律宗的总寺院“唐招提寺”,位于日本(　　)。

A.东京　　B.大阪

C.神户　　D.奈良

15.下列有关“音爆”的描述正确的是(　　)。

A.物体运行加速度接近音速时,使物体产生强烈震荡,速度衰减的现象

B.物体在真空环境下的相对运动速度向上突破达到1马赫临界点时出现的现象

C.物体在空气中的相对运动速度超过声音传播速度2倍时出现的现象

D.物体在空气中的相对运动速度向上突破达到1马赫临界点时出现

16.世界上里程最长,且工程最大的人工运河是(　　)。

A.伊利运河　　B.苏伊士运河

40.在大气成分中,主要吸收太阳紫外线的气体成分为(　　)。

A.臭氧　　　　B.氮气

C.氧气　　　　D.二氧化碳

41.以下不属于有氧运动的是(　　)。

A.步行　　　　B.长距离游泳

C.举重　　　　D.慢跑

42.巴拿马运河是沟通哪两大洋的国际运河?(　　)

A.太平洋和印度洋　　　　B.北冰洋和印度洋

C.大西洋和北冰洋　　　　D.太平洋和大西洋

43.未满(　　)周岁的儿童,不准在道路上骑、学自行车。

A.10　　　　B.16

C.14　　　　D.12

44.当电气设备发生接地故障,接地电流通过接地体向大地流散,在地面上形成电位分布时,若人在接地短路点周围行走而形成的触电,称为(　　)。

A.单相触电　　　　B.跨步电压触电

C.漏电型触电　　　　D.两相触电

45.以下不属于色光三原色的是(　　)。

A.红色　　　　B.黄色

C.蓝色　　　　D.绿色

46.我国民间所说的黎明时分的启明星和傍晚时分的长庚星都是指(　　)

A.水星　　　　B.土星

C.火星　　　　D.金星

47.中国共产党党章规定,党的组织原则是(　　)。

A.个人服从组织,少数服从多数

B.全心全意为人民服务

C.民主集中制

D.下级服从上级,全党服从中央

48.海南岛是中国第(　　)大岛。

A.一　　　　B.四　　　　C.三　　　　D.二

49.太阳光到达地球表面需要(　　)。

A.8 分 18 秒　　　　B.6 分 30 秒

C.7 分 28 秒　　　　D.9 分 20 秒

50.中华人民共和国国歌是由(　　)作曲。

A.谭盾　　　　B.聂耳

C.冼星海　　　　D.李焕之

51.汽车上的(　　),简称 ABS。

A.制动防抱死系统　　　　B.自动稳定和牵引力控制系统

C.防滑系统　　D.智能安全气囊系统

52.在理论物理中,发现"黑洞辐射"的科学家是(　　)。

A.霍金　　B.梅尔文·施瓦茨

C.爱因斯坦　　D.普朗克

53.中国的少数民族自治区有(　　)个。

A.三　　B.六

C.五　　D.四

54.在中国军事构筑史上,享有"天下第一关"誉称的关隘是(　　)。

A.嘉峪关　　B.山海关

C.居庸关　　D.函谷关

55.100mA 电流属于(　　)。

A.无感电流　　B.致命电流

C.摆脱电流　　D.感知电流

56.成人心肺复苏时打开气道的最常用方式为(　　)。

A.仰头举颏法　　B.环状软骨压迫法

C.托颏法　　D.双手推举下颌法

57.热传导的各种方式中,热辐射是以(　　)形式传递热量的。

A.光波　　B.电磁波

C.介质流动　　D.物体接触

58.艾滋病被称为"20 世纪的瘟疫",艾滋病病毒将人体内的(　　)作为攻击目标。

A.红细胞　　B.血红蛋白

C.淋巴细胞　　D.神经系统

59.科学家研制出一种无针注射器,这种注射器的注射原理最可能是(　　)。

A.以极高的速度进行肌肉注射　　B.以极细的管道进行血管注射

C.高速表皮注射　　D.药液固化穿入肌肉

60.生命中最主要的物质基础是(　　)。

A.水和蛋白质　　B.核酸和蛋白质

C.糖类和蛋白质　　D.脂类和蛋白质

61.下列陈述中错误的是(　　)。

A.在地球上的能源中,地热能仅次于太阳辐射能,排在第二位

B.太阳能、风能、地热、潮汐能以及生物质能都是可再生资源

C.三聚氰胺是一种含氮杂环有机化工原料,主要用于做密胺塑料

D.1 纳米等于二十亿分之一米,约为 4~5 个原子排列起来的长度

62.人体发生花粉等过敏反应时,由于毛细血管壁的通透性增加,血浆蛋白渗出,会造成局部(　　)。

A.血浆量增加　　B.组织液减少

C.组织液增加　　D.淋巴液减少

82.关于地球公转的正确叙述是(　　)。

A.日地距离不变　　B.自西向东公转

C.周期 365 日(天)　　D.公转速度不变

83.地球上出现四季更替现象的根本原因是地球(　　)。

A.为一椭球体

B.围绕太阳运转的速度不均匀

C.绕地轴不停地旋转

D.地球的公转和黄赤交角的存在

84.把地球划分成东、西两半球的经线圈是(　　)。

A.0°和 180°经线圈　　B.东经 20°和西经 160°经线圈

C.西经 20°和东经 160°经线圈　　D.任何一个经线圈

85.东、西十二区在时区、时差和所跨经度方面的关系表现在(　　)。

A.东、西十二区合为一个时区,时差为零

B.东、西十二区钟点相同,日期相差一天

C.东、西十二区相邻,彼此相差 1 小时

D.东、西十二区各跨经度 15°

86.太阳直射北回归线时,应是北半球的(　　)。

A.春分日　　B.夏至日

C.秋分日　　D.冬至日

87.声音在哪个介质中传播最快?(　　)

A.空气　　B.金属

C.玻璃　　D.水

88.鸡蛋一般不能洗了以后存放,是因为(　　)。

A.易被细菌侵入变坏　　B.易变软

C.易破　　D.会带走鸡蛋中的养分

89.紫外线促使人体合成(　　)以预防佝偻病。

A.维生素 A　　B.维生素 B

C.维生素 C　　D.维生素 D

90.传说中的“鬼火”现象其实是人体内的一种元素在氧化过程中,部分能量以光能的形式释放所致。这种人体内的元素是(　　)。

A.钙　　B.铁

C.磷　　D.钾

91.感冒时吃东西没有滋味,主要是因为(　　)。

A.鼻黏膜充血肿胀,嗅细胞接触不到气味刺激

B.味觉不敏感

C.空气通过鼻腔的量少

D.鼻腔堵塞

92.人们长时间处在较大的压力状态下，身体、心理状态都会产生一定的变化。以下人们在长时间压力状态下的反应，最为常见的是(　　)。

A.一直保持亢奋的精神状态

B.保持一段时间的比较投入的状态后，精神和体力状态急剧下降

C.一直保持比较抑郁的状态

D.比较长时间的压抑状态之后，精神和体力状态达到高峰

93.小王从农贸市场买来一条金鱼，没过几天鱼就死了。下列最有可能导致金鱼死亡的原因是(　　)。

A.用河水养金鱼，每天为鱼换水

B.把鱼缸放在窗台上，让鱼晒太阳

C.在鱼缸里放入一些石头、水草，和金鱼做朋友

D.从自来水管接水后，直接倒入鱼缸

94.常言道："人要实，火要虚。"此话的意思是说做人要脚踏实地，才能事业有成；可燃物要架空一些，才能燃烧更旺。"火要虚"的目的是(　　)。

A.增大可燃物的热值

B.降低可燃物的着火点

C.增大空气中氧气的含量

D.增大可燃物与空气的接触面积

95.有关科学家和其作出的突出贡献，表述正确的是(　　)。

A.阿基米德系统并严格地证明了杠杆定律

B.爱因斯坦提出相对论及质能方程，创建经典力学

C.狄拉克根据广义相对论和量子力学发现了"黑洞辐射"

D.牛顿发现的万有引力解释了光电效应

96.民谚有"础润而雨"的说法，作为劳动人民千百年来宝贵劳作经验的总结，它的主要科学依据体现在(　　)的变化通过"础润"的形式表现出来，从而预示着天气的变化。

A.温度　　B.湿度　　C.气压　　D.风向

97.我们把海螺壳扣在耳朵上，可以听到像海潮一样的声音，其实这是(　　)。

A.风吹进海螺壳的声音　　B.颅内血液流动的声音

C.海螺运动发出的声音　　D.外界的杂音

98.下列有关生活常识的表述中，不正确的一项是(　　)。

A.女性比男性更易患抑郁症

B.水果榨汁喝会减少水果中维生素 C 和纤维素的摄取

C.运动时脚扭伤肿了，应该进行热水敷应急处理

D.打哈欠是一种深呼吸动作，它会让人比平常更多地吸进氧气和排出二氧化碳

99.以下生活常识不正确的是(　　)。

A.微波炉不能使用金属器皿加热食品

B.胡萝卜富含维生素，生吃效果最好

117.两宋时期我国商品经济空前繁荣,与其关系密切的文化现象有(　　)。

①传奇出现　　②词成为文化主流

③瓦子、勾栏兴起　　④出现许多话本

⑤杂剧产生　　⑥绘画成为商品

A.①②③④⑥　　B.①②③④⑤

C.①②③④⑤⑥　　D.②③④⑤⑥

118.毛泽东诗词"一桥飞架南北,天堑变通途"中的"一桥"是指(　　)。

A.钱塘江大桥　　B.上海浦东大桥

C.南京长江大桥　　D.武汉长江大桥

119.以下关于中国古代医学,说法不正确的是(　　)。

A.中医的"四诊法"是由扁鹊总结得出的

B."五禽戏"是华佗模仿狮、鹿、熊、猿、鹤五种动物所创的中国传统健身方法

C."医圣"是指东汉末年的张仲景

D.麻沸散是世界上最早的麻醉剂

120.关于茶文化,说法不正确的是(　　)。

A.印度是世界上最早采制和饮用茶叶的国家

B.陆羽以世界第一部茶叶专著——《茶经》闻名于世,被称为"茶圣"

C.茶兴于唐,盛于宋

D.花茶是用茶叶和香花进行拼和窨制,使茶叶吸收花香而制成的香茶

121.毛泽东同志总结中国近代历次运动失败时曾说:"没有农民办不成大事,光有农民办不好大事。"下列事件属于"光有农民办不好大事"的是(　　)。

A.洋务运动　　B.辛亥革命

C.戊戌变法　　D.义和团运动

122.二十世纪八九十年代,两极格局解体,世界格局向多极化发展。中国不但经受住考验,而且发展成具有广泛影响的世界性大国。这一时期中国在内政外交上的重大成就和政策有(　　)。

①从计划经济向市场经济过渡　　②恢复中国在联合国的合法席位

③对香港、澳门恢复行使主权　　④反对霸权主义,维护世界和平

A.①②③　　B.②③④

C.①③④　　D.①②④

123.《上海县竹枝词》有诗云:"卅年求富更求强,造炮成船法仿洋。海面未收功一战,总归虚牝掷金黄。"与上述内容有关的历史事件是(　　)。

A.第二次鸦片战争　　B.中法马尾海战

C.中日甲午战争　　D.八国联军侵华

124.20世纪20年代,孙中山与时俱进,把旧三民主义发展为新三民主义。新三民主义主要"新"在(　　)。

A.符合社会主义革命的要求

B.具有鲜明的反帝反封建内涵
C.代表工农群众的根本利益
D.确立了“联俄、联共、扶助农工”的三大政策
125.下列历史事件时间排序正确的一组是(　　)。
A.戊戌变法——马关条约——五四运动
B.郑和下西洋——戚继光抗击倭寇——郑成功收复台湾
C.张衡发明地动仪——诸葛亮写《出师表》——张骞出使西域
D.虎门销烟——中日甲午战争——第一次鸦片战争
126.之所以说鸦片战争是中国近代史的开端,主要是因为(　　)。
A.清政府第一次在对外战争中失败
B.长期闭关锁国的状态被打破
C.中国开始遭受帝国主义的不断侵略
D.中国的社会性质发生了变化
127.鸦片战争中清政府失败的根本原因是(　　)。
A.清政府的委曲求全
B.军事指挥出现失误
C.战争准备很不充分
D.中国的政治、经济、军事远远落后于西方国家
128.标志着中国半殖民地半封建社会基本形成的不平等条约是(　　)。
A.《南京条约》　　B.《北京条约》
C.《马关条约》　　D.《辛丑条约》
129.马歇尔计划的提出是为了(　　)。
A.援助欧洲,对抗德国
B.解决国内工人就业,恢复美国经济
C.谋求世界霸权,遏制共产主义
D.帮助欧洲经济复兴,与苏联抗衡
130.法国将领在1919年预言:“这不是和平,这是二十年的休战。”其主要依据是(　　)。
A.国际联盟软弱无力
B.英国推行“均势”政策
C.美国抛出了“十四点原则”,企图称霸世界
D.战胜国的宰割行径,激起战败国的复仇情绪
131.下列不是朱自清散文作品的是(　　)。
A.《桨声灯影里的秦淮河》　　B.《绿》
C.《正义》　　D.《风景谈》
132.剧本《陈毅市长》的作者是(　　)。
A.师陀　　B.沙叶新
C.田汉　　D.周扬

3.中国古都协会通过并经过国内史学家承认的八大古都中，两宋时期的名都是指（　　）。

A.杭州　　　　B.西安

C.洛阳　　　　D.开封

4.电视直播系统通常采用（　　）方式进行信号的传播。

A.卫星中继　　　　B.光缆传输

C.中长波传输　　　　D.微波传输

5.非洲占世界产量和储量第一的资源是（　　）。

A. 金刚石　　　　B. 石油

C. 天然气　　　　D. 黄金

6.中国银行“三比三看三提高”方法中的“三比”分别是指（　　）。

A 系统内　　　　B 自己

C 国际　　　　D 同业

7.2017 年 10 月 23 日，剑桥大学在征得霍金同意之后公开了他的这一博士论文，以下哪些是霍金的学术论文和著作？（　　）

A.《黑洞、婴儿宇宙及其他》　　　　B.《时间简史》

C.《万物理论》　　　　D.《宇宙膨胀的属性》

8.从环境保护的角度出发，下列做法错误的是（　　）。

A.焚烧树叶，以减少垃圾运输量

B.将废弃塑料就地烧掉，以消除“白色污染”

C.加高工厂烟囱，以减少二氧化硫对环境的污染

D.运输沙土的车辆盖上苫布，以免增加空气中的粉尘含量

9.关于输血的知识，下列说法错误是（　　）。

A.输血前经过检疫就能够避免受血者感染血液传播性疾病

B.在大出血的紧急情况下，可依据献血者所报血型，直接输血

C.输血可以为病人增加抵抗力，补充营养，所以手术病人应常规输血

D.成分输血具有疗效好，副作用小，节约血液资源以及便于保存和运输等优点

10.圆珠笔（签字笔、中性笔）是我们很熟悉的书写工具。在设计制造时，笔芯内的油墨量与金属笔嘴的寿命存在科学的对应关系，且笔芯上端通常都留有一小孔。关于这些设计的说法正确的是（　　）。

A.油墨量的设计遵循了设计的经济原则

B.小孔的设计遵循了设计的科学原则

C.油墨量和小孔的设计都是为了减少用料，降低成本

D.设计小孔的主要意图是平衡气压，书写时便于油墨从笔嘴顺畅流出

11.下列有关生活常识，正确的是（　　）。

A.夏天不宜穿深色衣服，深色比浅色更易吸收辐射热

B.驱肠虫药若饭后服用，不易达到最好的驱虫效果

C.按照建筑采光要求，相同高度的住宅群，昆明的楼房间距应比哈尔滨的大

D.在汽车玻璃清洗液中加入适当比例的酒精，可使其清洗效果更好

12.下列日常生活的说法，正确的是(　　)。

A.为了使用方便和最大限度地利用材料，机器上用的螺母大多是六角形

B.在加油站不能用手机，因为它在使用时产生的射频火花很容易引起爆炸，发生危险

C.交通信号灯中红色被用作停车信号是因为红色波长最长

D.家中遇煤气泄漏事件应立即使用房间的电话报警

13.暴雨预警信号分四级，分别以蓝色、黄色、橙色、红色表示。下列说法正确的是(　　)。

A.暴雨蓝色预警信号：12 小时内降雨量将达 50 毫米以上，或者已达 50 毫米以上且降雨可能持续

B.暴雨红色预警信号：2 小时内降雨量将达 120 毫米以上，或者已达 120 毫米以上且降雨可能持续

C.暴雨黄色预警信号：6 小时内降雨量将达 50 毫米以上，或者已达 50 毫米以上且降雨可能持续

D.暴雨橙色预警信号：3 小时内降雨量将达 50 毫米以上，或者已达 50 毫米以上且降雨可能持续

14.因碰撞、挤压导致喜马拉雅山持续升高的两大板块分别是(　　)。

A.太平洋板块　　B.亚欧板块　　C.印度洋板块　　D.非洲板块

15.关于板块构造学说的叙述，错误的是(　　)。

A.六大板块都包括陆地和海洋

B.太平洋板块是唯一大洋板块

C.阿拉伯半岛归属亚欧板块

D.黑海和地中海是亚欧板块与非洲板块的分界

16.下列表述错误的是(　　)。

A.房顶被风掀翻是由于屋内的大气压力高于室外的大气压力

B.用手动打气筒给轮胎打气，气筒内气压始终高于胎内气压

C.高海拔地区气压低于平原地区是由于氧浓度变化造成的

D.轮胎充气后，内胎气压升高、摩擦力增大，起到了缓冲作用

17.以下各项列举了我国常见气象灾害与其发生地区的对应关系，其中错误的是(　　)。

A.洪涝——西北地区　　B.洪涝——东北地区

C.春旱——华南地区　　D.伏旱——华北地区

18.下列关于我国科技领域取得的一些新成就，表述正确的有(　　)。

A.“神舟”十号航天员王亚平面向国内青少年开展了我国首次太空授课

B.“北斗”卫星导航系统的服务覆盖范围包括我国及周边地区在内的亚太大部分地区

C.“蛟龙号”深海载人深潜器最大下潜深度超过 7 000 米

D.“天河二号”超级计算机系统是目前全球运算速度最快的超级计算机

19.下列应对自然灾害的做法，正确的有(　　)。

A.地震时不要使用电梯

39.“他们位居中国版图的地理中心，历经秦汉唐宋三筑两迁，却从来都是卧虎藏龙，这里的每一块砖石都记录着历史的沧海桑田，这里的每一个细节都印证着民族的成竹在胸。”这是央视写给历史名城汉中市的颁奖词。下列与汉中相关的事件和人物，搭配正确的是(　　)。

A.丝绸之路——张骞　　　　B.造纸发明——蔡伦

C.六伐曹魏——诸葛亮　　　　D.明修栈道，暗度陈仓——张良

40.宋词分豪放派和婉约派。下列词句的作者同属豪放派的(　　)。

A.想当年，金戈铁马，气吞万里如虎

B.江山如画，一时多少豪杰

C.衣带渐宽终不悔，为伊消得人憔悴

D.三十功名尘与土，八千里路云和月

41.鲁迅是中国现代文学史上伟大的无产阶级文学家。下列文学作品，同为鲁迅作品的是(　　)。

A.《伤逝》　　　　B.《阿 Q 正传》

C.《祝福》　　　　D.《子夜》

42.我国古典文学成就卓越，下列概括准确的是(　　)。

A.《诗经》是我国第一部诗歌总集，主要表现手法是赋、比、兴

B.鲁迅称司马迁的《史记》是“史家之绝唱，无韵之离骚”

C.《三国演义》是我国章回小说的开山之作

D.郭沫若“写鬼写妖高人一等，刺贪刺虐入木三分”的对联，是对清代蒲松龄文言小说《聊斋志异》的评价

43.下列著作中不属于语录体散文集的是(　　)。

A.《汉书》　　B.《战国策》　　C.《论语》　　D.《左传》

44.楚辞的代表作家有(　　)。

A.屈原　　B.婵娟　　C.宋玉　　D.李斯

45.胡锦涛同志在党的十八大报告中指出，面对人民的信任和重托，面对新的历史条件和考验，全党必须(　　)。

A.增强忧患意识，谦虚谨慎，戒骄戒躁，始终保持清醒头脑

B.增强创新意识，坚持真理，修正错误，始终保持奋发有为的精神状态

C.增强宗旨意识，相信群众，依靠群众，始终把人民放在心中最高位置

D.增强使命意识，求真务实，艰苦奋斗，始终保持共产党人的政治本色

46.1951 年 12 月，中央决定在党政机关工作人员中开展一场(　　)的“三反”运动。

A.反贪污　　　　B.反行贿

C.反浪费　　　　D.反官僚主义

47.经过 90 年的奋斗、创造、积累，党和人民必须倍加珍惜、长期坚持、不断发展的成就包括(　　)。

A.完成了新民主主义革命

B.开辟了中国特色社会主义道路

C.形成了中国特色社会主义理论体系

D.确立了中国特色社会主义制度

参考答案及解析

专项一 单项选择题

1.【答案】D。解析:新式高超的人工智能程序版本 AlphaGo Zero 已经出现,它从零开始,面对的只是一张空白棋盘和游戏规则,仅仅通过自学使自己的游戏技能得以提高。

2.【答案】D。解析:太阳能是太阳内部连续不断的核聚变反应过程产生的能量。

3.【答案】A。解析:2016 年 8 月 16 日,我国在酒泉卫星发射中心用长征二号丁运载火箭成功将世界首颗量子科学实验卫星发射升空。其主要科学目标是借助卫星平台,进行星地高速量子密钥分发实验,并在此基础上进行广域量子密钥网络实验,以期在空间量子通信实用化方面取得重大突破。

4.【答案】D。解析:元朝建立行省制度,设立中书省作为中央最高的行政机构,总理全国政务。地方设行中书省,简称“行省”,由中央委派官员管理。我国省级行政区的设立始于元朝。

5.【答案】B。解析:纳米技术是以控制单个原子、电子来实现其特定的功能,是利用电子的波动性来工作的。

6.【答案】C。解析:羽毛球比赛应该重新发球的情况是:①遇不能预见或意外的情况,应重发球。②除发球外,球过网后挂在网上或停在网顶,应重发球。③发球时,发球员和接发球员同时违例,应重发球。④发球员在接发球员未做好准备时发球,应重发球。⑤比赛进行中,球托与球的其他部分完全分离,应重发球。⑥司线员未看清,裁判员也不能作出决定时,应重发球。⑦“重发球”时,最后一次发球无效,原发球员重新发球,发球区错误除外。

7.【答案】D。解析:“六届分类系统”是我国学者王大耜于 1977 年提出的分类系统。即原核生物界、原生生物界、真菌界、植物界、动物界,再加病毒界即六界系统。故本题选 D。

8.【答案】B。解析:天气预报和湿度表中常见的湿度显示指的是“相对湿度”,它不是指水分占空气的比,而是空气中含有的水量,占空气溶解水的能力的百分比。

9.【答案】D。解析:防滑粉之所以防滑是由它的主要成分碳酸镁的物理特性决定的,其主要成分为镁。

10.【答案】D。解析:纳米(符号为 nm)是长度单位,原称毫微米,就是 10^{-9} 米(10 亿分之一米)。故本题选 D。

11.【答案】D。解析:我国的陆上邻国有朝鲜、俄罗斯、蒙古、哈萨克斯坦、吉尔吉斯斯坦、塔吉克斯坦、阿富汗、巴基斯坦、印度、尼泊尔、不丹、缅甸、老挝、越南;海上邻国有日本、菲律宾、马来西亚、文莱、印度尼西亚。伊拉克不是我国的邻国。

12.【答案】D。解析:救援原则有:①先救近,后救远;②先易后难;③先救轻伤员、青壮年和医务人员;④先救“生”,后救“人”;⑤不要盲目乱挖,注意保护支撑物。故本题选 D。

13.【答案】A。解析:寒武纪是显生宙的开始,标志着球生物演化史新的一幕。寒武纪的生物

(8)非下肢残疾的人不得驾驶残疾人机动轮椅车。

(9)自行车、三轮车不得加装动力装置。

(10)不得在道路上学习驾驶非机动车。

44.【答案】B。解析:当架空线路的一根带电导线断落在地上时,落地点与带电导线的电势相同,电流就会从导线的落地点向大地流散,于是地面上以导线落地点为中心,形成了一个电势分布区域,离落地点越远,电流越分散,地面电势也越低。如果人站在距离电线落地点 8~10 米以内。就可能发生触电事故,这种触电叫做跨步电压触电。

45.【答案】B。解析:色彩中不能再分解的基本色称之为原色,原色可以合成其他的颜色,而其他颜色却不能还原出本来的色彩。我们通常说的三原色,即红、绿、蓝。美术中将红、黄、蓝定义为三原色。

46.【答案】D。解析:金星比太阳落得晚,所以叫长庚星,因为它出来的比太阳早,所以又叫启明星。

47.【答案】C。解析:民主集中制是民主基础上的集中和集中指导下的民主相结合。它既是党的根本组织原则,也是群众路线在党的生活中的运用。

48.【答案】D。解析:海南岛在中国领土的最南端,是中国第二大岛。

49.【答案】A。解析:太阳光射到地球表面需要的时间是 8 分 18 秒。

50.【答案】B。解析:中国国歌《义勇军进行曲》由田汉作词、聂耳作曲。

51.【答案】A。解析:制动防抱死系统(antilock brake system)简称 ABS。作用就是在汽车制动时,自动控制制动器制动力的大小,使车轮不被抱死,处于边滚边滑(滑移率在 20%左右)的状态,以保证车轮与地面的附着力在最大值。

52.【答案】A。解析:1971 年,霍金提出了一个关于黑洞辐射的激进的观点。

53.【答案】C。解析:目前中国共有五个省级民族自治区:内蒙古自治区、新疆维吾尔自治区、广西壮族自治区、宁夏回族自治区、西藏自治区。

54.【答案】B。解析:山海关建于明洪武十四年(公元 1381 年),是万里长城东起点的第一座重要关隘,雄居天下,因而得名“天下第一关”。

55.【答案】B。解析:能引起人感觉到的最小电流值称为感知电流,交流为 1mA,直流为 5mA;人触电后能自己摆脱的最大电流称为摆脱电流,交流为 10mA,直流为 50mA;在较短的时间内危及生命的电流称为致命电流,如 100mA 的电流通过人体 1s,可足以使人致命。

56.【答案】A。解析:心肺复苏中最常用的开放气道手法为仰头举颏法,这是一种可用于没有颈部损伤患者的气道开放手法,其相对易于操作而不必借助任何辅助工具。

57.【答案】B。解析:热辐射是指物体由于具有温度而辐射电磁波的现象,是热量传递的三种方式之一。一切温度高于绝对零度的物体都能产生热辐射,温度愈高,辐射出的总能量就愈大,短波成分也愈多。由于电磁波的传播无需任何介质,所以热辐射是在真空中唯一的传热方式。

58.【答案】C。解析:当艾滋病病毒进入人体血液以后,首先侵入血液中的淋巴细胞,破坏人体免疫系统。

59.【答案】C。解析:以极高的速度进行肌肉注射,肯定会引起疼痛,这就失去了无针注射减少疼痛和感染的目的,所以 A 项错误;以极细的管道进行血管注射,也可能会引起疼痛和感染,

所以B项错误;药液固化穿入肌肉,不能循环,会带来疼痛,不可能是无针注射器原理,所以D项错误;利用皮肤瞬间扩张的特性,将药物高速注入表皮,是正确的选择,所以选C。

60.【答案】B。**解析**:核酸和蛋白质是生命活动中最重要的物质,是生命中最主要的物质基础。

61.【答案】D。**解析**:一纳米等于十亿分之一米,相当于四倍原子大小,D项说法错误。

62.【答案】C。**解析**:人体发生花粉等过敏反应时,毛细血管壁的通透性增加,血浆蛋白大量渗出进入组织液,致使组织液的胶体渗透压高于血浆的胶体渗透压,这样血浆中的水分大量渗透到组织液中,导致局部组织水肿,因此选C。

63.【答案】A。**解析**:苍蝇的眼睛是一种"复眼",由3 000多只小眼组成,人们模仿它制成了"蝇眼透镜"。"蝇眼透镜"是用几百或者几千块小透镜整齐排列组合而成的,用它作镜头可以制成"蝇眼照相机",一次就能照出千百张相同的相片。这种照相机已经用于印刷制版和大量复制电子计算机的微小电路,大大提高了工效和质量。

64.【答案】A。

65.【答案】C。**解析**:人的耳朵可以听见20~20 000hz之间的声音。声音的高低由振动的频率决定,频率越高,声音就越尖锐。而声音的强弱,由声波的振动幅度(振幅)来决定,振幅越大,表示声波的能量越高,因此声音也就越大声。一般用分贝来表示声音的响度。

66.【答案】B。**解析**:肾脏属于泌尿系统,因此,答案选B。

67.【答案】B。**解析**:凝华是指物质从气态不经过液态而直接变成固态的现象,形成原因一般是急剧降温。家里的白炽灯的钨丝受热会发生升华现象,然后钨蒸气遇到较冷的灯泡玻璃时,在灯泡壁上凝华,所以用久了的白炽灯泡会发黑。

68.【答案】B。**解析**:根据颜色给人的主观体验不同的原理,为了让三条色带看上去等宽,实际宽度不能相同,所以选B。

69.【答案】C。**解析**:星星会一闪一闪的,这不是因为星星本身的光度出现变化,而是与大气的遮挡有关。大气隔在我们与星星之间,当星光通过大气层时,会受到大气的密度和厚薄影响,而大气的透明度会根据密度的不同而产生变化。所以我们在地面透过它来看星星,就会看到星星好像在闪动的样子。

70.【答案】D。

71.【答案】A。**解析**:"夜来风雨声,花落知多少"说明变化快,时间短,应为天气;"四季无寒暑,一雨便成秋""人间四月芳菲尽,山寺桃花始盛开""五原春色归来迟,二月垂柳未挂丝"描述的内容是说每年都这样,时间长,有一定的稳定性,应为气候。

72.【答案】D。**解析**:打开冰箱冷冻室的门时,冰箱内的低温气体飘散到冰箱外,使周围空气中平时看不见的水蒸气迅速冷却液化,成为很多微小水珠,就形成了"白雾"。

73.【答案】D。**解析**:氩气是惰性气体,不具有可燃性和助燃性,所以疏通煤气管道时,充入氩气不会引起火灾并发生爆炸,故D不符合科学依据。空心的树里因天气潮湿,水汽会促使木质发生缓慢的氧化反应,缓慢氧化会放出热量,积累到一定温度会自燃。故A有科学依据。涤纶的衣物容易摩擦生电产生电火花,汽油遇到静电会发生燃烧爆炸,故B有科学依据。拉亮电灯会产生电火花,引燃煤气而爆炸,故C有科学依据。

小些，故男人比女人一般长得高。

103.【答案】D。解析：铁器和木材的温度其实是一样的，但因为铁器相对于木材是热的良导体，会更快传导身体的热量，所以会感觉铁器更凉。

104.【答案】C。解析：骨头中的钙主要以磷酸钙的形式存在，而磷酸钙难溶于水，易溶于酸性物质，所以为了提高钙质的溶解度就可以加点醋。

105.【答案】A。解析：相机的镜头为凸透镜，物距增大，像变大；镜头到底片的距离减小，使成像更清晰。

106.【答案】A。解析：在我国，绿色食品是对无污染的安全、优质、营养类食品的总称，它不一定是颜色为绿色的食品；白色污染是人们对难降解的塑料垃圾（多指塑料袋）污染环境现象的一种形象称谓。

107.【答案】C。解析：A 项中戏班、剧团被称为“梨园”；B 项中京剧当中的“净”指男性角色；D 项《梁山伯与祝英台》是越剧经典曲目之一。正确答案为 C 项。

108.【答案】A。解析：A 项中最后的晚餐的作者是意大利达·芬奇；雕塑“思想者”的作者是法国奥古斯迪·罗丹；雕塑“大卫”是意大利雕塑家米开朗基罗的作品，它们都同属于欧洲的文化遗产。B 项中“胡夫金字塔”和“狮身人面像”为埃及文化遗产，而“帕特农神庙”为希腊建筑遗产。C 项中《百年孤独》为拉丁美洲作家马尔克斯的代表作。《老人与海》为美国小说家海明威的代表作。《海底两万里》是法国科幻小说家儒勒·凡尔纳的代表作之一。D 项中《飞鸟集》是印度诗人泰戈尔的代表作之一，《高老头》是法国著名作家巴尔扎克最优秀的作品之一，《源氏物语》是日本的一部古典文学名著。

109.【答案】B。解析：四大书院是湖南长沙的岳麓书院、江西庐山的白鹿洞书院、河南商丘城南的应天书院（睢阳书院）、河南嵩山南麓的嵩阳书院。

110.【答案】A。解析：“阁下”一词盛行于唐代，当时是对高级官员的尊称，而不是对长辈的尊称。故答案为 A。

111.【答案】B。解析：(1)地图上方向的表示法：①有指向标的地图，应根据指向标所标方向去辨认（箭头指向北方）；②没有指向标的地图，通常采用“上北下南，左西右东”的规则确定方向；③在有经纬网的地图上，根据经纬网确定方向，经线指示南北方向，纬线指示东西方向。(2)在地图上，山地的标高为绝对高度和相对高度。(3)地图种类很多，一般分为普通地图和专题地图。

112.【答案】C。解析：杜康酒历史悠久，三国时的曹操就有“何以解忧，唯有杜康”的名句。

113.【答案】C。解析：六经论五行者，始见于《尚书·洪范》，曰：“五行，一曰水、二曰火、三曰木、四曰金、五曰土。”

114.【答案】B。解析：岳阳楼位于湖南岳阳市城西，是座集历史、文化、艺术、旅游、建筑诸价值于一身的古建筑精品。古有范仲淹名篇《岳阳楼记》。鹳雀楼，因时有鹳雀栖其上而得名，其故址在山西省永济市境内古蒲州城外西南的黄河岸边。滕王阁位于江西南昌市沿江路赣江边，王勃的《滕王阁序》使之名垂千古。黄鹤楼，原址在湖北武昌蛇山黄鹤矶头，江南三大名楼之一。因此，除了鹳雀楼之外，其他都在长江以南，答案选 B。

115.【答案】C。解析：六艺是指中国古代儒家要求学生掌握的六种基本才能，即“礼”，礼节（即今德育）；“乐”，音乐；“射”，射箭技术；“御”，驾驭马车的技术；“书”，书法（书写，识字，文

字);"数",算法(计数)。故本题选 C。

116.【答案】C。解析:儒家思想之所以"长盛不衰",是因为其本身"兼容"、"发展"的特性,符合历史的发展。

117.【答案】D。解析:本题可用排除法,"传奇"出现在唐朝而不是宋朝,故排除①。其他文化现象都与商品经济发展、市民阶层兴起有关。

118.【答案】D。解析:"一桥"指武汉长江大桥,该桥为长江上第一座由中国人自己建造的桥梁,是五十年代重大工程之一,于 1955 年开工,1957 年建成通车。故选 D。

119.【答案】B。解析:"五禽戏"的五禽是指虎、鹿、熊、猿、鹤 5 种动物。

120.【答案】A。解析:中国是世界上最早采制和饮用茶叶的国家。

121.【答案】D。解析:义和团运动,是清末的一次大规模农民起义,是在《辛丑条约》签订之后,广大群众因为受到严重的剥削引起的反抗运动。它取得过辉煌的战绩,但是由于农民阶级本身的局限性,最终还是在中外反动势力的联合扼杀下失败了。本题只有 D 项为正确答案。

122.【答案】C。解析:1971 年 10 月 25 日,联合国大会通过恢复新中国在联合国合法席位的 2758 号决议。排除 A、B、D 三项,选 C。

123.【答案】C。解析:"卅年求富更求强,造炮成船法仿洋"是指洋务运动;"海面未收功一战"指的是甲午战争中的黄海海战。洋务运动进行了 30 年,又是造炮又是造船,但在甲午战争中依然一败涂地。

124.【答案】B。解析:孙中山在旧三民主义指导下进行的一系列革命相继以失败告终,使他逐渐认识到要在中国走独立发展资本主义的道路,必须联合一切反帝反封建的革命力量共同来完成,才会有三大政策下的新三民主义,它赋予新三民主义鲜明的反帝反封建的新内涵。

125.【答案】B。解析:戊戌变法,1898 年;马关条约,1895 年;五四运动,1919 年。A 错。郑和下西洋,1405 年开始;戚继光抗击倭寇,1560 年左右;郑成功收复台湾,1662 年初。B 对。张衡发明地动仪,公元 132 年;诸葛亮写《出师表》,建兴五年,227 年春天;张骞出使西域,公元前 138 年。C 错。虎门销烟,1839 年;中日甲午战争,1894 年~1895 年;第一次鸦片战争,1840 年~1842 年。D 也错。

126.【答案】D。解析:鸦片战争后,中国沦为半殖民地半封建社会国家,社会性质发生了根本改变。因此,鸦片战争是中国近代史的开端。

127.【答案】D。解析:清政府国力的不济是造成鸦片战争失败的根本原因。

128.【答案】D。解析:鸦片战争后《南京条约》等第一批不平等条约的签订,使中国开始沦为半殖民地半封建社会。第二次鸦片战争后《天津条约》《北京条约》等的签订,使中国半殖民地半封建化的程度加深了。甲午中日战争后《马关条约》的签订,使中国半殖民地半封建化的程度大大加深了。八国联军侵华战争后《辛丑条约》的签订,使中国完全沦为半殖民地半封建社会,中国半殖民地半封建社会基本形成。

129.【答案】D。解析:马歇尔计划官方名称为欧洲复兴计划,是二战后美国对被战争破坏的西欧各国进行经济援助、协助重建的计划,对欧洲国家的发展和世界政治格局产生了深远的影响。美国施行该计划的本意是为了通过援助使欧洲经济恢复,并使之成为抗衡苏联的重要力量和工具,同时也可使美国更方便地控制和占领欧洲市场。

13.【答案】ACD。**解析**:暴雨红色预警信号:3 小时内降雨量将达 100 毫米以上,或者已达 100 毫米以上且降雨可能持续。B 项说法错误,不选。

14.【答案】BC。**解析**:喜马拉雅山位于亚欧板块与印度洋板块的交界处,两大板块发生碰撞挤压运动,使得喜马拉雅山不断升高。

15.【答案】ACD。**解析**:地球表面,是由厚度大约为 100–150km 的巨大板块构成,全球岩石圈可分成六大板块,即太平洋板块、印度洋板块、亚欧板块、非洲板块、美洲板块和南极洲板块,其中只有太平洋板块几乎完全是海洋,其余板块均包括大陆和海洋,板块与板块之间的分界线是海岭、海沟、大的褶皱山脉和大断裂带,A 项错误。阿拉伯半岛归属印度洋板块,C 项错误。地中海是亚欧板块和非洲板块的分界,D 项错误。

16.【答案】BCD。**解析**:刮大风时,根据流体力学的伯努利原理,空气运动速度越快,对物体表面的压力越小,当大气从屋顶吹过时,由于空气快速流动,空气对屋顶的压力变小,这时屋内空气向上的压力远大于空气向下的压力,因此房顶就可能被掀翻。A 项说法正确,不选。

17.【答案】ACD。**解析**:A 项,西北地区是中国最干旱的地区,没有大量的降水,不可能有洪涝。C 项华南地区没有春旱,华北地区有春旱。D 项华北地区没有伏旱,只有华南地区才有伏旱。因为东北靠海,东南暖湿气流和冷空气碰撞容易形成大的降雨。

18.【答案】ABCD。**解析**:2013 年 6 月 20 日上午 10 时,“神舟”十号航天员王亚平面向国内青少年开展了我国首次太空授课,A 表述正确。北斗卫星导航系统是中国正在实施的自主研发、独立运行的全球卫星导航系统,服务范围覆盖包括我国及周边地区在内的亚太大部分地区,目前已经对东南亚实现全覆盖,B 表述正确。中国载人深潜器“蛟龙”号 7 000 米级海试最大下潜深度达 7 062 米,C 表述正确。中国国防科学技术大学研制的“天河二号”以每秒 33.86 千万亿次的浮点运算速度,成为全球最快的超级计算机,D 表述正确。

19.【答案】ACD。**解析**:住楼房者,发生地震时千万不能乘电梯,因为电梯在地震时会卡死、变形,A表述正确。躲避龙卷风应进入混凝土制成的地下室或者低矮房屋,而非楼顶,B 表述错误。发现泥石流时,应该垂直于水流向两侧高地势处跑,才能免于被水流淹没,C 表述正确。火灾发生时用打湿的毛巾捂鼻会防止浓烟的吸入,D 表述正确。

20.【答案】AD。**解析**:正常情况下,光在空气中的速度约为 30 万千米/秒,声音在空气中的速度约为 340 米/秒,光速大于声速,A 表述正确。月球围绕地球运行一周所需时间为一个恒星月,一个恒星月长为 27.321661 天,B 表述错误。太阳系中,离太阳最近的是水星,而非金星,C 表述错误。季风产生的根本原因是海陆热力性质差异,D 表述正确。

21.【答案】ABCD。**解析**:杠杆原理亦称“杠杆平衡条件”。要使杠杆平衡,作用在杠杆上的两个力矩(力与力臂的乘积)大小必须相等。即:动力×动力臂=阻力×阻力臂,用代数式表示为 F1·L1=F2·L2。筷子、扳手、撬棍和指甲刀都是利用了杠杆原理。

22.【答案】ACD。**解析**:二维码最早是应用于汽车领域的词汇,B 项错误。

23.【答案】ABC。**解析**:克隆是指生物体通过体细胞进行的无性繁殖,以及由无性繁殖形成的基因型完全相同的后代个体组成的种群。通常是利用生物技术由无性生殖产生与原个体有完全相同基因组织后代的过程。

24.【答案】ACD。**解析**:“光年”是距离单位,而非时间单位,B 选项表述错误。

25.【答案】ABD。**解析**:蛋白质不属于碳水化合物,故A选项表述错误。碳水化合物是由碳、氢和氧三种元素组成,其所含的氢氧的比例为2:1,故B选项表述错误。储存和提供热能是碳水化合物的重要功能之一,C选项表述正确。碳水化合物是自然界存在最多、分布最广的有机化合物,而非无机化合物,D选项表述错误。

26.【答案】ACD。**解析**:绝缘体是不善于传导电流的物质,而非完全不导电,A项表述错误。水银温度计是根据液体的热胀冷缩原理制成的,B项正确。使用天平时不能把化学药品直接放到托盘上,因为化学药品有的具有腐蚀性,有的有黏着性,还有的易潮解,直接放在托盘上可能损坏托盘,也可能导致药品本身的变性。C项错误。不管海面上波浪怎样起伏,海水对船只浮力的方向总是竖直向上的,因此D项错误,不选。

27.【答案】ACD。**解析**:中国已建成酒泉、西昌、太原、文昌四个航天器发射场。B项表述错误。

28.【答案】AD。**解析**:四书是指《论语》《孟子》《大学》和《中庸》;而五经是指《诗经》《尚书》《礼记》《周易》《春秋》。

29.【答案】ABC。**解析**:1730—1820年这一段时间的欧洲主流音乐,又称维也纳古典乐派。此乐派三位最著名的作曲家是弗朗茨·约瑟夫·海顿、沃尔夫冈·阿玛迪斯·莫扎特和路德维希·凡·贝多芬。

30.【答案】ACD。**解析**:《小红帽》是格林童话。

31.【答案】ACD。**解析**:高尔基自传体三部曲是《童年》《在人间》《我的大学》,列夫·托尔斯泰的自传三部曲是《童年》《少年》《青年》。

32.【答案】ABC。**解析**:《唐璜》是英国诗人拜伦的作品。

33.【答案】ABCD。**解析**:俄国十月社会主义革命的胜利后,李大钊先后发表了《法俄革命之比较观》《庶民的胜利》《布尔什维主义的胜利》《新纪元》《我的马克思主义观》《再论问题与主义》等几十篇宣传马克思主义的文章。

34.【答案】ABC。**解析**:《中国共产党第二次全国代表大会宣言》实际上制定了中国共产党的最低纲领和最高纲领。党的最低纲领,即党在民主革命阶段的主要纲领是:消除内乱,打倒军阀,建设国内和平;推翻国际帝国主义的压迫,达到中华民族完全独立;统一中国为真正的民主共和国。党的最高纲领是:组织无产阶级,用阶级斗争的手段,建立劳农专政的政治,铲除私有财产制度,渐次达到一个共产主义社会。故答案选ABC。

35.【答案】AC。**解析**:会议对孙中山的三民主义作了新的解释,民族主义突出反对帝国主义的内容;民权主义则强调民主应当“一切平民所共有”;民生主义的两大原则为“平均地权”“节制资本”。

36.【答案】ABCD。**解析**:国民革命是近代史上真正的人民大革命,是中国社会主要革命阶级(工人、农民、小资产阶级和民族资产阶级)的联合革命,在国共两党合作的基础上达到了有史以来革命的最高点,是反帝反封建运动新高潮。它基本推翻了北洋军阀的反动统治,沉重打击了帝国主义在华势力,国民革命虽然没有取得最终胜利,却使中国人民受到了一次相当普遍的革命洗礼,使中国共产党的主张为群众接受,使中国共产党的影响得以扩大,中共开始掌握一部分军队,为革命建立了新起点。

37.【答案】BD。**解析**:红军游击战争的十六字诀是指:“敌进我退,敌驻我扰,敌疲我打,敌退

中的某一天到达该市,并停留 2 天,此人停留期间空气质量都是优良的概率为(　　)。

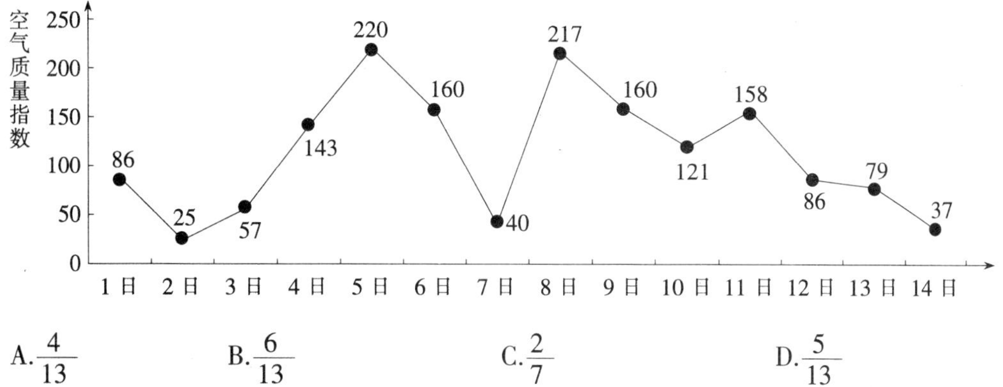

A. $\frac{4}{13}$　　B. $\frac{6}{13}$　　C. $\frac{2}{7}$　　D. $\frac{5}{13}$

7.某校从高一年级学生中随机抽取部分学生,将他们的模块测试成绩分成 6 组:[40,50),[50,60),[60,70),[70,80),[80,90),[90,100]加以统计,得到如下图所示的频率分布直方图。已知高一年级共有学生 600 名,据此估计,该模块测试成绩不少于 60 分的学生人数为(　　)。

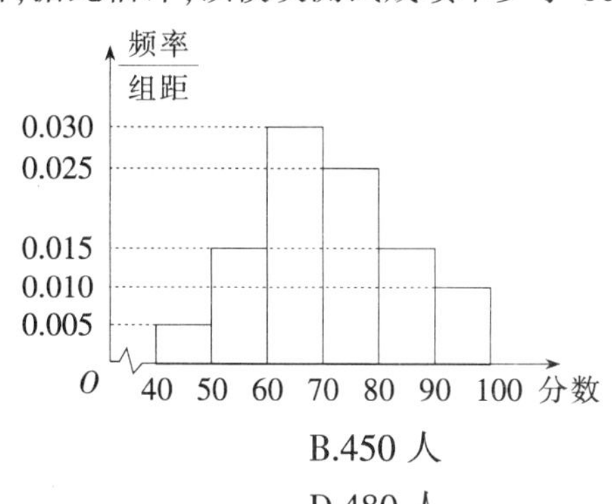

A.588 人　　B.450 人

C.120 人　　D.480 人

8.已知某城市商品住宅平均销售价格 2006 年、2007 年、2008 年连续三年环比增长速度分别为 1%、6%、9%,这三年该城市商品住宅平均销售价格的定基增长速度为(　　)。

A.(101%×106%×109%)−1　　B.1%×6%×9%

C.(1%×6%×9%)+1　　D.101%×106%×109%

9.下列抽样方法中,属于非概率抽样的是(　　)。

A.分层抽样　　B.整群抽样

C.判断抽样　　D.等距抽样

10.下列离散程度的测度值中,能够消除变量值水平和计量单位对测度值影响的是(　　)。

A.标准差　　B.离散系数　　C.方差　　D.极差

11.我国目前用于衡量价格总水平变动的基本指标是(　　)。

A.居民消费价格指数　　B.固定资产投资价格指数

C.工业品出厂价格指数　　D.企业间交易价格指数

12.下列统计指标中,属于相对指标的是(　　)。

A.社会消费品零售总额　　B.人口性别比

C.房屋建筑面积　　D.城镇居民人均可支配收入

13.下列指标中,应采用算术平均方法计算平均数的是(　　)。

A.企业年销售收入　　B.男女性别比

C.国内生产总值环比发展速度　　D.人口增长率

14.2010 年某省 8 个地市的财政支出(单位:万元)分别为:59 000,50 002,65 602,66 450,78 000,78 000,78 000,132 100 这组数据的中位数和众数分别是(　　)万元。

A.78 000,78 000　　B.72 225,78 000

C.66 450,132 100　　D.75 894.25,132 100

15.下列数据整理和显示方法中,取值不可能大于 1 的是(　　)。

A.比例　　B.比率

C.频数　　D.累积频数

16.下列调查中,最适合采用重点调查的是(　　)。

A.了解全国钢铁生产的基本情况

B.了解全国人口总数

C.了解上海市居民家庭的收支情况

D.了解某校学生的学习情况

17.统计指标按其所反映的内容或其数值表现形式,可以分为总量指标、相对指标和(　　)。

A.比例指标　　B.比率指标

C.平均指标　　D.变异指标

专项二 | 多项选择题

1.某支行有男员工 30 名,女员工 20 名,从中抽取一个容量为 5 的样本参加分行组织的员工代表座谈会,恰好抽到 2 名男员工和 3 名女员工,则下列说法正确的有(　　)。

A.该抽样可能是随机抽样

B.该抽样不可能是分层抽样

C.男员工被抽到的概率大于女员工被抽到的概率

D.该抽样一定不是系统抽样

2.通过随机调查 110 名性别不同的学生是否爱好某项运动,得到如下的列联表(　　)。

	男	女	总计
爱好	40	20	60
不爱好	20	30	50
总计	60	50	110

附表:

$P(K^2 \geqslant k)$	0.050	0.010	0.001
k	3.841	6.635	10.828

14.【答案】B。解析：本题考查中位数和众数的计算。把一组数据按从小到大的顺序进行排列，位置居中的数值叫做中位数。把题干中的数据按顺序排列就是 50 002，59 000，65 602，66 450，78 000，78 000，78 000，132 100。中位数就是(66 450+78 000)/2=72 225。众数就是一组数据中出现频数最多的那个数值，即 78 000。所以答案是 B。

15.【答案】A。解析：比例是一个总体中各个部分的数量占总体数量的比重，通常用于反映总体的构成或结构。各部分的比例之和等于 1，不可能大于 1。所以答案是 A。

16.【答案】A。解析：重点调查的目的只是要求了解基本情况和发展趋势，不要求掌握全面数据，因此为了了解全国钢铁生产的基本情况，可以对全国一些大的钢铁生产基地的生产基本情况进行调查，这种调查就是重点调查。

17.【答案】C。解析：统计指标按其所反映的内容或其数值表现形式，可以分为总量指标、相对指标和平均指标。

专项二 多项选择题

1.【答案】AB。

2.【答案】ABC。解析：由题意知本题所给的观测值，$k^2=\frac{110\times(40\times30-20\times20)^2}{60\times50\times60\times50}\approx7.8$。因为 7.8>6.635，所以这个结论有 0.01=1%的机会说错，即有 99%以上的把握认为"爱好该项运动与性别有关"，故 D 项说法正确，本题选 ABC。

3.【答案】DE。解析：第二手统计数据的主要来源有公开的出版物、未公开的内部调查等，属于利用间接来源的统计数据，故正确答案为 DE。

4.【答案】ADE。解析：按照反映的内容或数值的表现形式将统计指标划分为总量指标、相对指标和平均指标。故正确答案为 ADE。

5.【答案】CD。解析：几何平均数的主要用途有：①对比率、指数进行平均；②计算平均发展速度；③计算复利下的平均年利率；④连续作业的车间求产品的平均合格率。故正确答案为 CD。

6.【答案】BDE。解析：计算和运用算术平均数须注意：①算术平均数同时受到两个因素的影响：各组数值的大小；各组分布频数的多少。②算术平均数易受极端值的影响。

7.【答案】BC。解析：抽样调查中存在代表性误差，选项 A 说法错误。抽样调查时效性比较强，选项 D 说法错误。抽样调查是从调查对象的总体中抽取一部分单位作为样本进行调查。如果是从总体中选择重点单位进行调查，那就是重点调查，不是抽样调查，选项 E 说法错误。

8.【答案】ACE。解析：本题考查分类数据的整理。适用于分类数据的整理方法包括百分比、比例、比率。选项 BD 是适合于顺序数据的整理方法。

9.【答案】ABC。解析：零售价格指数编制时是选择部分具有代表性的地区，并不是全国所有地区，选项 D 说法错误。零售价格指数是采用加权算术平均形式计算的，其权数是根据上年商品零售额资料，并根据当年住户调查资料予以调整后确定的，并不是主观确定的，选项 E 说法错误。

3.改革开放之后,我们党对我国社会主义现代化建设作出战略安排,提出“三步走”战略目标。其中已经实现的目标是(　　)。

A.解决人民温饱问题　　B.社会主义现代化国家

C.人民生活总体上达到小康水平　　D.社会和谐、生活殷实的小康水平

4.全面从严治党,全面加强党的领导和党的建设,主要开展哪些教育活动?(　　)

A.党的群众路线教育实践活动　　B.党风党纪教育活动

C.“三严三实”主题教育　　D.“两学一做”学习教育

5 .十八大以来,在中国举办的大型国际会议有(　　)。

A.金砖国家峰会　　B.G20 峰会

C.“一带一路”国际合作高峰论坛　　D.APEC 峰会

6.特朗普当选美国总统后,美国都退出了以下哪些组织和协议?(　　)

A.跨太平洋伙伴关系协定(Trans-Pacific Partnership Agreement)

B.联合国教科文组织

C.《巴黎气候协议》

D.《京都议定书》

参考答案及解析

专项一　单项选择题

1.【答案】C。解析:2017 年 8 月 28 日,国土部和住建部印发《利用集体建设用地建设租赁住房试点方案》的通知,郑州等全国 13 个城市进入利用集体建设用地建设租赁住房的首批试点。

2.【答案】C。解析:阿斯塔纳世博会,于 2017 年 6 月 10 日至 9 月 10 日在哈萨克斯坦首都阿斯塔纳举办。中国馆以“未来能源,绿色丝路”为主题。

3.【答案】A。解析:第 72 届联合国大会于 2017 年 9 月 12 日下午在纽约联合国总部开幕。本届联大的主题是“以人为本:在可持续发展的地球上为全人类努力创造和平以及美好生活”。

4.【答案】A。解析:中国共产党十九大报告中指出,制定国家监察法,依法赋予监察委员会职责权限和调查手段,用留置取代“两规”措施。改革审计管理体制,完善统计体制。构建党统一指挥、全面覆盖、权威高效的监督体系,把党内监督同国家机关监督、民主监督、司法监督、群众监督、舆论监督贯通起来,增强监督合力。

5.【答案】A。解析:中国共产党两个“一百年”奋斗目标中第一个百年目标,其核心规划是“十三五规划”。“十三五”规划,是迎来全面建成小康社会这“第一个百年目标”的最后冲刺,也是跋涉在民族复兴之路上的社会主义中国的关键一程。

6.【答案】A。解析:2017 年 9 月 16 日,第三届中国“互联网+”大学生创新创业大赛全国总决赛在西安电子科技大学开幕。

6.【答案】ABC。**解析**:2017 年 1 月 23 日,美国总统特朗普签署行政命令,正式宣布美国退出跨太平洋伙伴关系协定(TPP);2017 年 6 月 1 日,美国总统特朗普宣布美国将退出《巴黎气候协议》这一旨在阻止全球环境继续变暖的全球公约;2017 年 10 月 12 日,联合国教科文组织称美国宣布退出该组织,该项决定将于 12 月 31 日生效。

时事政治

鉴于时事政治内容具有较强的时效性,请各位考生平时多关注时政新闻,同时可在中公教育移动自习室“学习资料”栏目中及时获取最新的时政题目。

专项一 | 单项选择题

1.2017 年 8 月 28 日,国土资源部、住房城乡建设部联合印发通知,确定在 13 个城市开展利用(　　)租赁住房试点。

A.政府公共建设用地　　B.私有企业建设土地

C.集体建设用地　　D.国有企业建设用地

2.阿斯塔纳世博会于 2017 年 9 月 10 日闭幕,本次中国馆的主题为(　　)。

A.城市发展中的中华智慧　　B.希望的田野,生命的源泉

C.未来能源,绿色丝路　　D.全世界的未来

3.第 72 届联合国大会于 2017 年 9 月 12 日下午在纽约联合国总部开幕,本届联大的主题是(　　)。

A.“以人为本:在可持续发展的地球上为全人类努力创造和平以及美好生活”

B.以和平方式调节或解决国际争端

C.可持续发展目标:共同努力改造我们的世界

D.气候、维和及人权

4.中国共产党第十九次全国代表大会的报告指出,健全党和国家监督体系,通过制定(　　),依法赋予监察委员会职责权限和调查手段,用留置取代“两规”措施。改革审计管理体制,完善统计体制。

A.国家监察法　　B.宪法　　C.行政监督法　　D.党内监督法

5.中国共产党“两个一百年”奋斗目标的第一个百年目标,其核心的规划是(　　)。

A.十三五规划　　B.互联网+

C.十二五规划　　D.中国制造 2025

6.2017 年 9 月 16 日上午,第三届中国(　　)大学生创新创业大赛全国总决赛在西安电子科技大学开赛。

A.互联网+　　B.人工智能

23.2017年9月29日,我国在西昌卫星发射中心,成功将(　　)卫星发射升空。此卫星将主要用于科学试验、国土资源普查、农作物估产及防灾减灾等领域。

A.实践十三号　　B.墨子号量子

C.风云四号　　D.遥感三十号01组

24.2017年9月21日,美联储正式宣布从今年10月开始启动渐进式缩表。所谓缩表,即缩减(　　)。

A.主要资产表　　B.主要负债表

C.资产负债表　　D.资产收益表

25.(　　)是具有中国自主知识产权、世界最大单口径、最灵敏的射电望远镜。10月10日,其探测到的星体达数十个。其中目前已通过系统认证的达6颗。

A.天空之眼　　B.中国天眼(EAST)

C.TMT　　D.巨型爱哲伦型眼镜

26.2017年10月12日,经中央军委批准,中央军委办公厅日前印发(　　)。这是新形势下发挥军队资源优势推动全民国防教育普及深入的重要举措。

A.《中国人民解放军军营开放办法》

B.《中国共产党军队委员会工作条例》

C.《关于加快推进建设现代营房的意见》

D.《我军军事职业教育改革部署展开》

27.(　　)是超大型跨海通道,全长55千米,建成后将成为世界最长的跨海大桥。预计2017年年底或2018年建成通车。

A.港珠澳大桥　　B.港深澳大桥

C.厦津跨海大桥　　D.杭州湾跨海大桥

28.(　　)载人潜水器是一艘由中国自行设计,自主集成研制的载人潜水器。也是863计划中的一个重大计划,当前最大下潜深度7 062.68米。理论上它的工作范围可覆盖全球99.8%海洋区域。

A.蛟龙号　　B.彩虹鱼号　　C.远征号　　D.长征号

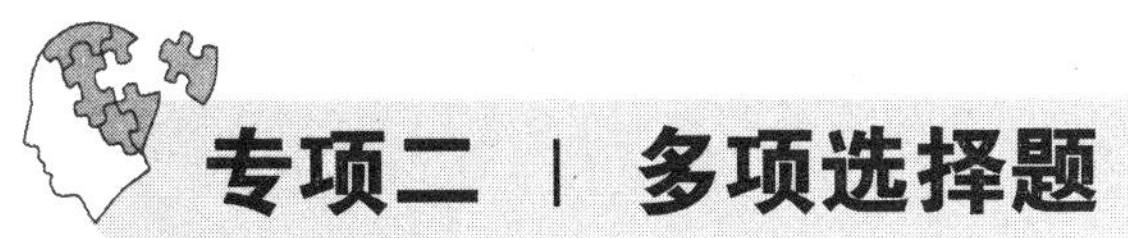

专项二 | 多项选择题

1.三农问题是关系到国计民生的根本性问题,三农是指(　　)。

A.农业　　B.农务

C.农村　　D.农民

2.坚持(　　),是推动两岸关系和平发展,加速两岸经济文化交流合作的基本方针。

A.一个中国原则　　B.两岸互通

C.九二共识　　D.“一国两制”

前言

2018 年银行招聘考试综合知识主要包括经济、金融、会计、财务管理、统计与概率、法律、计算机,常识与管理等。本书精选管理、法律、计算机、常识、统计与概率、时事政治的历年真题汇编成册,帮助考生有重点地复习这些内容。

为了帮助广大考生把握银行招聘考试的脉络,中公教育银行招聘考试研发团队根据 2018 年银行招聘考试要求,结合历年真题,精心编写了 2019 版《全国银行招聘考试专用教材·综合知识·历年真题汇编》。本书具有以下特色:

◆ 立足考试,把握脉搏

做真题是在短时间内快速掌握考试规律的一种可靠途径。为了保证考生的学习效果,本书编者非常注重真题的选取。书中精选了各大银行招聘笔试真题,以帮助广大考生把握题目特点及解题技巧,零距离体验考场。

◆ 分析真题,掌握要点

练习的目的在于掌握考试的重点、难点。为此,在编写本书的过程中,编者对银行招聘考试真题进行了研究,对历年真题的考点进行了统计分析,确定了银行招聘的常考范围,按照考点知识体系编排试题,以帮助考生融会贯通,把握考试重点、难点。

◆ 解析详细,科学备考

本书分为管理、法律、计算机、常识、统计与概率、时事政治六个部分,每部分内容囊括中国工商银行、中国建设银行、中国农业银行、中国银行、交通银行、中国邮政储蓄银行等各大银行历年真题,帮助考生了解每部分的考查范围。本书中的题目解析力求详细、易于理解。

学海无涯,书中如有疏漏之处,欢迎广大考生批评指正,以期再版时更趋完善。

电子邮箱:zgbooksh@163.com

D.某款汽车定位城市白领渴望突破都市工作和生活束缚的心理，在广告中提出驾着它“开溜”的口号

4.某设计公司专注于办公室软装修这一细分市场而放弃其他装修产品，通过不断设计精品方案，该公司在资源整合、产品研发、客户三大方面显示了强大的增长后劲，在办公室软装修市场位居于领先地位。该公司的目标市场选择策略属于(　　)。

A.产品/市场集中化策略

B.选择性专业化策略

C.市场专业化策略

D.产品专业化策略

5.“我们需要做什么，我们为什么要去做，这件事有谁去做，什么时候做，在什么地方做，怎么去做”是我们在日常生活和工作中，处理各类事务关系常常谈及的话题。后经人们的不断运用和总结，美国政治学家拉斯维尔将其定义为“5W1H”模式。在管理学中，该模式是下列哪项职能应解决的问题？(　　)

A.组织职能　　B.计划职能

C.控制职能　　D.领导职能

6.让流程中各个层次上和各个群体中的人都参与分析和重新设计其工作方式的方法是(　　)。

A.奥卡姆剃刀定律　　B.牛皮纸法

C.华盛顿合作规律　　D.一条鞭法

7.对归于同一类型的人所说的话更信赖，更容易接受的效应称为(　　)。

A.自己人效应　　B.金鱼缸效应

C.近因效应　　D.霍桑效应

8.路径是从始点开始到终点的一条通路，网络图中有多条路径，其中关键路径是(　　)。

A.所需时间最长的一条路径

B.所需人员最多的一条路径

C.所需计时最难的一条路径

D.所需费用最多的一条路径

9.在对策论中，如果双方在选取策略时接受界限不清的约束，这时需要应用(　　)。

A.随即对策论　　B.模糊对策论

C.灰色对策论　　D.有限对策论

10.移动配置型是一种从员工相对岗位移动进行配置的类型，这种配置的具体表现形式大致有三种，其具体表现形式中不包含(　　)。

A.调动　　B.降职

C.辞退　　D.晋升

11.不是为保证现行决策的圆满实现，而是为了有利于下一个环节的工作得以顺利开展的控制属于(　　)。

A.预先控制　　B.前馈控制

C.过程控制　　D.成果控制

12.关于Y式沟通的特点,以下选项中不正确的是(　　)。

A.由于信息中间环节多,可能使上级不了解下级的真实情况

B.信息传递和解决问题的速度较快,组织控制比较严格

C.组织成员之间缺少直接和横向沟通,不能越级沟通

D.包括节点在内,全体成员的满意程度比较高

13.一个有着科学智能结构的领导群体中,具有较强的指挥能力、控制能力和协调能力的人属于(　　)。

A.谋略家　　B.实干家

C.组织家　　D.思想家

14.应急决策是应急管理的核心,不同的决策行为往往会产生不同的决策效果,其中突发事件的善后管理称为(　　)。

A.紧急救助　　B.恢复重建

C.救援保障　　D.应急处置

15.在沟通的目的中,“陈述事实→引起思考→影响见解”的过程属于(　　)。

A.说明事物　　B.表达情感

C.建立问候　　D.达成目标

16.军用车和民用车的用户不同,其营销策略也会有不同。下列不属于4P营销策略组合的是(　　)。

A.促销策略　　B.定位策略

C.渠道策略　　D.产品策略

17.管理部门:随着中国经济的发展,优秀的大企业不断涌现。在1995年的《财富》世界500强排行榜上,中国有2家企业上榜,2000年增加到了9家。而在2016年的这份榜单上,中国大陆企业的数量已经达到了110家,令人惊叹的成绩单后面,是优秀的企业管理水平不断提高的结果。联合银行的管理部门急需你给予一些企业这方面的经验。你为他们讲解了两个企业管理相关的问题。

对于公司各种权利合理分配、相互制约,进行配置的原则是(　　)。

A.权力均衡原则　　B.赋权配置原则

C.分权制衡原则　　D.授权约束原则

18.组织内部在遇到紧急情况或处理与公司利益关系重大的问题上,最佳的冲突处理方式是(　　)

A.回避　　B.妥协

C.开诚合作　　D.强制

19.以下关于“企业文化”的说法,错误的是(　　)。

A.企业文化的重要任务是增强企业的凝聚力

B.企业文化的管理方式是以柔性管理为主

C.企业文化的核心是企业的精神文明建设

D.企业文化是一个组织由其价值观、符号、处事方式等组成的特有文化形象

B.领导是影响和支持其他人为了达到目标而富有热情地工作的过程

C.领导是一种影响一个群体实现目标的能力

D.领导是指引导和影响人们为实现组织和群体目标而做出努力与贡献的过程

35.领导运用权力必须遵从和维护规范制度,但也有超越规章制度进行特殊处理,这实际是(　　)。

A.运用权力中的合法性原则　　B.滥用权力

C.运用权力中的例外原则　　D.权力寻租

36.关于激励,描述有误的是(　　)。

A.未得到满足的需要是产生激励的起点

B.奖励的价值越大,个人的努力程度就越大

C.实施负强化的方式应以连续负强化为主,以消除人们的侥幸心理

D.受激励者对获取的报酬的公平性感觉影响了对受奖励的满意程度

37.领导艺术最重要的特征是(　　)。

A.创造性　　B.实效性

C.模式化　　D.程序化

38.进行各种管理的先行条件和基础是(　　)。

A.沟通　　B.协调

C.控制　　D.领导

39.现代许多领导者认为,领导者必须善于梦想、提出远景、确定目标、制定战略、动员群众,而梦想和远景来自领导者和下属的心声,因此优秀的领导者必须富有(　　)。

A.想象能力　　B.激励能力

C.宣传能力　　D.沟通能力

40.管理的重心愈来愈从传统的计划、组织、控制等方面,趋向于“意义的管理”,这要求管理者注意(　　)。

A.激励　　B.沟通

C.指挥　　D.协调

41.管理的两重性是指(　　)。

A.管理的目标性和阶段性　　B.管理的自然属性和社会属性

C.管理的先进性和可行性　　D.管理的组织性和行为性

42.柔性管理的局限性体现在(　　)。

A.将员工置于消极被管理的状态

B.影响组织与外部环境的协调

C.考核标准不明确

D.工作量化的同时也造成了员工的惰性

43.下列属于战略管理特点的是(　　)。

A.长远性　　B.全面性

C.精确性　　D.制度性

44.管理活动,最为广泛的四种反馈控制方法中,最重要、最困难的方法是(　　)。

A.质量控制分析　　　　B.标准成本分析

C.财务报告分析　　　　D.工作人员成绩评定

45.某企业开发一新产品准备投放市场,已知在市场需求好的情况下,可获利 900 万元;在市场需求不好的情况下,损失 800 万元。因为是新产品,市场需求的好与坏的概率无从得知,这种决策类型是(　　)。

A.确定型决策　　　　B.不确定型决策

C.风险型决策　　　　D.危机决策

46.在管理的系统分析中,强调以政策的“机会成本”作为基本依据的是(　　)。

A.行为研究　　　　B.可行性研究

C.规范研究　　　　D.价值研究

47.在下列产品中,最为典型的公共产品为(　　)。

A.教育　　　　B.基础设施

C.国防　　　　D.社会福利

48.“根据组织的使命而提出的组织在一定时期内所要达成的预期效果”称为(　　)。

A.计划　　　　B.目标

C.绩效　　　　D.效益

49.根据菲德勒的权变理论,下列属于对管理者工作没有直接影响的因素是(　　)。

A.个人的特点　　　　B.任务结构

C.上下级关系　　　　D.职位权力

50.美国学者特雷斯·迪尔和阿伦·肯尼迪认为,企业文化是英雄人物、习俗仪式、文化网络、企业环境和(　　)。

A.价值观　　　　B.领导方式

C.企业行为　　　　D.组织结构

51.在全面质量管理的组织形式中,下列属于临时性团队的是(　　)。

A.行动改正团队　　　　B.过程改正团队

C.过程管理团队　　　　D.质量改进团队

52.创新的过程主要包括以下环节(　　)。

A.构建创新环境→制定弹性工作计划→建立奖励制度→处理维持与创新的关系

B.选择方案→持续行动→不断总结→正视失败

C.计划→实施→检测→修订标准

D.寻找机会→提出构想→采取行动→持之以恒

53.“情人眼里出西施”反映了决策过程中常见的(　　)。

A.近因效应　　　　B.定型效应

C.光环效应　　　　D.投射效应

54.计划编制过程中,准备说明事实性质的预测资料和适用基本政策等系列工作,属于(　　)步骤。

A.估量机会　　　　B.确定前提条件

C.确定计划目标　　　　D.编制预算

C.渠道战略　　D.竞争战略

76.组织为说服管理对象而采取的传播管理方法是(　　)。

A.新闻发布会　　B.沟通性会议

C.公务谈判　　D.游说策动

77.考评组织成员的关键内容是(　　)。

A.道德品质　　B.工作能力

C.工作态度　　D.个性特征

78.六西格玛管理五个步骤的顺序是(　　)。

A.分析、定义、测量、改进、控制　　B.分析、测量、定义、改进、控制

C.定义、测量、分析、改进、控制　　D.定义、分析、测量、改进、控制

79.组织文化的显性内容包括组织的标志、工作环境、规章制度和(　　)。

A.价值观念　　B.组织哲学

C.道德规范　　D.经营管理行为

80.下列因素中,最能激发管理者创新思维的是(　　)。

A.管理经验　　B.知识水平

C.目标、意志、兴趣、情感　　D.文化素养

81.下列属于非预算控制法的是(　　)。

A.会计审计控制法　　B.可变预算控制法

C.零基预算法　　D.项目预算法

82.在一定组织框架下,为使组织内部决策过程顺利进行,以保证组织内部管理成效所付出的成本,属于组织的(　　)。

A.框架构建成本　　B.管理机制运行成本

C.履约成本　　D.承诺成本

83.不同层次的管理人员在领导职能上所花时间的排序为(　　)。

A.高层管理者>中层管理者>基层管理者

B.基层管理者>中层管理者>高层管理者

C.中层管理者>高层管理者>基层管理者

D.中层管理者>基层管理者>高层管理者

84.成员基于共同心理或者情感需求而自发聚集在一起形成的组织被称为(　　)。

A.正式组织　　B.非正式组织

C.机械式组织　　D.有机式组织

85.绩效评估中,重视同级评估的评价指标是(　　)。

A.组织领导能力　　B.公共关系能力

C.协作性　　D.积极性

86.委托代理成本不包括(　　)。

A.监督激励成本　　B.承诺成本

C.剩余损失　　D.人、财、物配置成本

87.按照亨利·明茨伯格的理论,领导人出访,体现的是管理者的(　　)。

A.人际关系角色　　　　B.信息传递角色

C.决策制定角色　　　　D.管理者角色

88.由于信息层层传递,容易造成信息的遗失和失真,从而导致相互之间的信息差异化较大的沟通方式是(　　)。

A.链式沟通　　　　B.Y 式沟通

C.轮式沟通　　　　D.全通道式沟通

89.组织产权制度主要是指(　　)。

A.组织的所有权与经营权问题

B.组织所有权的划分问题

C.组织产权的建立与保护问题

D.组织经营权的划分问题

90.一般来说,实行目标管理需要逻辑的步骤是(　　)。

A.制定目标——实施目标——评价目标

B.发现问题——制定目标——实施目标

C.发现问题——组织落实——评价目标

D.确立目标——组织落实——绩效评估

91.根据计划内容的明确性标准,可以将计划分为具体性计划和(　　)。

A.业务计划　　　　B.财务计划

C.指导性计划　　　　D.人事计划

92.生存于复杂而相对确定环境中的组织,适宜选择(　　)。

A.直线管理系统　　　　B.科层系统

C.直线——参谋系统　　　　D.矩阵系统

93.管理层次与管理幅度的关系是(　　)。

A.正相关关系　　　　B.反相关关系

C.平行关系　　　　D.交叉关系

94.某企业集团下设东北区事业部、华北区事业部、西南区事业部、华南区事业部、华东区事业部,这种组织设计根据是(　　)。

A.按职能划分部门　　　　B.按地区划分部门

C.按类别划分部门　　　　D.按产品划分部门

95.组织创新路径可划分为战略先导性、技术诱导性和(　　)。

A.市场压力型　　　　B.社会向导型

C.领导推进型　　　　D.经济导向型

96.管理中经常发生的冲突,绝大多数是由(　　)引起的。

A.个体差异　　　　B.群体差异

C.组织结构差异　　　　D.沟通横式差异

97.企业规定的标准色、标准字等,构成了企业文化的(　　)。

A.精神层文化　　　　B.物质层文化

C.制度层文化　　　　D.领导层文化

C.计划、组织、人员配备、指导、控制

D.计划、组织、人事、指挥、协调

120.为了提高劳动生产率,必须为工作挑选第一流的工人,依据的是泰勒科学管理的什么原理?( )

A.差别计件工资制　　B.标准化

C.能力与工作相适应　　D.工作定额

121.相对于社会公共利益来讲,企业的利益是个体利益,企业的管理也是为实现( )。

A.集体利益　　B.个体利益

C.公共利益　　D.私人利益

122.美国哈佛大学教授狄尔(Deal)和麦肯锡咨询顾问爱伦·肯尼迪(Allen KenneDy)认为组织文化的构成要素有价值观、英雄人物、礼节及仪式、文化网络和( )。

A.社会　　B.技术

C.环境　　D.政治

123.只要在主要的战略目标上基本达成了战略预定的目标,就认为这一战略的制定及实施是成功的,此观点符合战略实施的( )。

A.坚持目标原则　　B.适度合理原则

C.统一领导原则　　D.权变原则

124.战略控制的基本控制要素不包括( )。

A.选定指标　　B.确定标准

C.衡量成效　　D.纠正偏差

125.下列属于柔性管理方法的是( )。

A.法律方法　　B.行政方法

C.经济方法　　D.传播方法

126.下列关于组织文化的说法,错误的是( )。

A.无形的组织文化可以通过有形的载体显现出来

B.组织文化是在组织长期的实践过程中缓慢形成的

C.组织文化会随着社会的进步,环境的变迁和组织的变革而演进

D.组织文化是长期积累的结果,不会因为环境条件的改变而改变

127.群体决策也有缺点,下列不属于群体决策缺点的是( )。

A.消耗时间长　　B.不能避免少数人统治

C.降低决策的合法性　　D.责任不清

128.经济管理方法的特点不包括( )。

A.诱导性　　B.直接性

C.灵活性　　D.平等性

129.在人员技能技巧培训中,不包括的内容是( )。

A.战略目标制定与实施　　B.时间管理

C.操作实施能力　　D.提高效率与效益

专项二 | 多项选择题

1.2016年12月,中央经济工作会议指出,着力振兴实体经济,要引导企业形成自己独有的比较优势,发扬“工匠精神”,加强品牌建设,培育更多“百年老店”,增强产品竞争力。下列选项属于企业加强品牌建设的有(　　)。

A.完善品牌价值评价国家标准,构建国家标准体系,以标准促进品牌建设

B.以诚信经营为先,提升企业的信誉和形象

C.提高自主创新能力,为品牌产品提供政策支持和指导

D.树立质量第一的强烈意识,培育消费者的认知度

2.某集团企业以房地产起家,后来制订了多元化发展战略,开始在现有产业的基础上投资发展电影、娱乐、旅游、食品等附属产业,该集团企业的发展战略属于(　　)。

A.同心多元化　　B.复合多元化

C.相关多元化　　D.非相关多元化

3.在某市投放共享单车需要投资金额为100万元,投资后可能有两种结果:一是效益不错,可以获利200万元,其概率为0.75;二是效益不好,100万元全部损失,其概率为0.25。还有另一种投资渠道,投资100万元,无需冒险即可获利20万元。假设有两个投资者,甲投资者有100万元,乙投资者有2 000万元。现在甲、乙投资者同时拿出100万元进行投资,下列说法错误的有(　　)。

A.甲投资者可能倾向于选择保守投资无需冒险,乙投资者可能倾向于冒险投资共享单车

B.这两个投资者均不能投资共享单车

C.甲投资者必须选择保守方案获利20万元

D.无需考虑投资者的资金规模,甲、乙两个投资者均应该投资共享单车

4.下列属于非正式组织基本存在形式的是(　　)。

A.垂直集团　　B.混合集团

C.利益集团　　D.水平集团

5.一般来说,下列哪些是在正式组织中才能得到满足的?(　　)

A.物质需要　　B.晋升需要

C.心理需要　　D.法定权利

6.下列关于管理层次和管理幅度的论述,不正确的是(　　)。

A.管理层次和管理幅度之间没有固定的数额和比例

B.管理幅度与管理事务的难易程度成反比

C.管理层次和组织效率成正比

D.在管理对象和内容不变的情况下,管理幅度和管理层次成正比

29.正式组织与非正式组织的关系，下列说法正确的是(　　)。

A.管理者既要重视正式组织的作用，也不能忽视非正式组织的功能

B.正式组织与非正式组织相互合作，相互竞争

C.一般来说，在正式组织内部往往都可能会存在着一些非正式组织

D.在管理活动中，非正式组织常会对正式组织内部起瓦解作用

30.影响管理宽度的因素主要有(　　)。

A.计划　　B.授权

C.组织的稳定性　　D.组织沟通的类型及方法

31.领导者的影响力主要来源于职位权力与个人权力，其中个人权力包括(　　)。

A.奖赏权力　　B.合法权力

C.专家权力　　D.榜样权力

32.摩西带领以色列人走出埃及时，几千人都直接受他领导，因此非常繁忙，以至于睡觉的时间都很少，于是他的岳父建议他把十个人分为一组，十个组分为一个小队，十个小队为一个大队，只有大队长才直接受他领导，之后摩西工作有了条理，不再繁忙。摩西运用的原则是(　　)。

A.统一指挥原则　　B.分权原则

C.控制幅度原则　　D.层级控制原则

33.以下方式中属于精神性奖励的有(　　)。

A.分红　　B.带薪休假

C.晋职　　D.调动工作岗位

34.管理效率的基本特征包括(　　)。

A.集约化　　B.产权化　　C.多重化　　D.综合化

35.职务权力范畴的基础性权力包括(　　)。

A.专长权　　B.强制权

C.法定权　　D.奖励权

36.下列有关组织规模和管理成本的说法，正确的有(　　)。

A.组织规模的增加会增加组织外部的交易成本

B.组织规模的增加会减少组织外部的交易成本

C.组织规模的扩大会增加组织内部的组织成本

D.组织规模的扩大会减少组织内部的组织成本

37.明确工作绩效差距可以采取(　　)。

A.目标比较法　　B.水平比较法

C.交叉比较法　　D.横向比较法

38.管理具有明显的目标性，管理目标是一个复杂的综合构成体，具体表现在(　　)。

A.共同认同性　　B.层次结构性

C.时间跨度性　　D.多元价值性

39.从期望理论出发，为了有效发挥个体在工作中的动机，需要做好的工作有(　　)。

A.合理设置工作目标，协调好努力与绩效的关系

B.贯彻功绩制原则

C.了解员工的需求,尽量使报酬与需要相对应

D.帮助当事人正确认识自己与别人的投入和报酬

40.自 20 世纪下半叶起,人们开始关注的管理新职能包括(　　)。

A.决策　　B.创新

C.协调　　D.沟通

41.组织的外部环境具有的变动特性包括(　　)。

A.确定性　　B.不确定性

C.随机性　　D.复杂性

42.下列属于管理者扮演的决策制定者角色的有(　　)。

A.故障处理者　　B.发言人

C.资源分配者　　D.谈判者

43.科学管理理论的代表人物有(　　)。

A.弗雷德里克·温斯洛·泰勒　　B.亨利·法约尔

C.亨利·福特　　D.亨利·甘特

44.公司希望通过历史数据和资料来预测下一年的市场销量,比较适合采用(　　)。

A.专家调查法　　B.德尔菲法

C.时间序列法　　D.因果预测法

45.在信息联系方面,经理人员主要扮演的角色有(　　)。

A.联络者　　B.信息监听者

C.传播者　　D.发言人

46.对决策者来说,要使决策达到最优必须要做到(　　)。

A.获得与决策有关的全部信息

B.真实了解全部信息的价值所在

C.能制定所有可能的方案

D.准确预期到每个方案在未来的执行结果

47.对管理者的培训通常包括(　　)。

A.态度培训　　B.技能技巧培训

C.情感培训　　D.应知应会的知识培训

48.按照组织变革的侧重点的不同,可以将其分成(　　)。

A.以物为中心的变革　　B.以人为中心的变革

C.技术主导型变革　　D.以科学为中心的变革

49.菲德勒权变理论认为,影响领导风格有效性的环境因素主要包括(　　)。

A.领导者与下属之间的关系　　B.任务结构

C.职位权力　　D.下属成熟度

50.常用的纠正偏差的手段包括(　　)。

A.行政手段　　B.经济手段

18.【答案】D。解析：在紧急情况下或与公司利益关系重大的问题上，冲突的最佳处理方式是强制。

19.【答案】C。解析：企业文化的核心是价值观。

20.【答案】A。解析：风首先行动，用力对着行人吹，但越吹，行人把外套裹得越紧，风吹累了，太阳便从后面出来，暖洋洋地照在行人身上，没有多久，行人便开始擦汗，并把外套脱下。事实上，在管理学也是一样的，要不断地引导员工，了解员工的心理，想要让员工达成目标，并非是一味地想要控制住他。

21.【答案】A。解析：主要内容快速决策分析与其说是一项具体分析技术，莫如说是一种方法论。它强调对决策问题的整体思考和结构化，注重运用正确的分析过程。它根据需要，循环运用思考(think)、分解(decompose)、简化(simplity)、具体论证(spceify)和反思(re-think)五个步骤，不断深入决策问题的本质，得出符合实际的结果。

22.【答案】B。解析：所谓领导风格，是指领导者的行为模式，领导风格由两种领导行为构成，即工作行为和关系行为。

23.【答案】C。解析：企业社会责任报告是企业非财务信息披露的重要载体，是企业与利益相关方沟通的重要桥梁。

24.【答案】D。解析：管理可以分为很多种类的管理，人力资源管理、财务管理、生产管理属于企业管理。

25.【答案】C。解析：损失控制不是放弃风险，而是制定计划和采取措施降低损失的可能性或者是减少实际损失。控制的阶段包括事前、事中和事后三个阶段。事前控制的目的主要是为了降低损失的概率，事中和事后的控制主要是为了减少实际发生的损失。

26.【答案】A。解析：组织化的原则中，尽量使每一个管理部门和人员了解自己在组织中处于什么位置，归谁领导，到哪里获取所需信息，以及同谁合作等，属于关系尽可能明确。

27.【答案】D。解析：推行目标管理不能只靠高素质的精英员工。

28.【答案】A。解析：环式沟通的优点是：组织内民主气氛较浓，团体的成员具有一定的满意度，横向沟通一般使团体士气高昂。环式沟通的缺点是：组织的集中化程度和领导人的预测程度较低，沟通速度较慢，信息易于分散，往往难以形成中心。

29.【答案】B。解析：在群体和个人的决策中，从消耗的时间分析，共识决策的消耗时间长。

30.【答案】C。解析：对员工培训 SA8000 管理体系的主要目的是消除或减少人员伤害和财产损失。

31.【答案】A。

32.【答案】B。解析："骏马能历险，犁田不如牛；坚车能载重，渡河不如舟"体现了扬长避短的用人艺术，人尽其才，物尽其用，是每个单位合理使用人力资源的课题。做到以岗定人，让人在岗位上有施展空间，产生成就感，体现了适才适用的原则。

33.【答案】B。解析：管理幅度、管理层次与组织规模三者的关系：(1)管理幅度既定，管理层次与组织规模成正比；(2)组织规模既定，管理层次与管理幅度成反比；(3)管理层次既定，管理幅度与组织规模成正比。

34.【答案】A。

35.【答案】C。解析：例外原则指领导运用权力必须遵从和维护规章制度，但也有权超越规章制度进行例外处理。进行例外处理必须有充分正当的理由，并符合合法性原则和民主原则。

36.【答案】B。解析：激励模式理论认为，个人是否努力以及努力的程度不仅取决于奖励的价值，而且还受到个人觉察出来的努力和受到奖励的概率的影响。B项说法过于绝对，故当选。

37.【答案】A。

38.【答案】A。解析：沟通是进行各种管理的先行条件和基础，没有足够的信息交换，决策无从作出，执行无法进行，政策后果更无从评价和反馈，管理就会问题重重。

39.【答案】D。解析：所有这些活动都离不开领导者和下属之间的良好沟通。

40.【答案】B。解析：领导者只有和下属进行沟通，才能够了解什么对于下属"有意义"，只有沟通，才能够传递"意义"。

41.【答案】B。解析：管理具有两重性，即管理的自然属性和社会属性。

42.【答案】C。解析：柔性管理的局限性有：缺乏严格的工作职责分工，易形成冲突；缺乏明确的工作标准，工作绩效不易考核、评估等等。A、B、D项是刚性管理方法的局限性。

43.【答案】A。解析：企业战略管理特点包括全局性、长远性、指导性、竞争性、系统性和风险性。

44.【答案】D。解析：目前，在组织中应用最广泛的反馈控制方法有如下四种：

(1)财务报告分析。

(2)标准成本分析。

(3)质量控制分析。

(4)工作人员成绩评定。其中，最重要、最困难的是"工作人员成绩评定"，因为人是最关键的资源。

45.【答案】B。解析：不确定型决策所处的条件和状态都与风险型决策相似，不同的只是各种方案在未来将出现哪一种结果的概率不能预测，因而结果不确定。

46.【答案】D。解析：价值研究是系统分析的重要组成部分，它强调以政策的"机会成本"作为基本依据，从而研究整个系统所具有的价值。

47.【答案】C。解析：公共产品是私人产品的对称，是指具有消费或使用上的非竞争性和受益上的非排他性的产品。A、B、D三项大多是公共产品，但也有可能为私人所有，只有C项最为典型。

48.【答案】B。解析：计划，指确定组织未来发展目标以及实现目标的方式；绩效是组织期望的结果，是组织为实现其目标而展现在不同层面上的有效输出；效益是指劳动(包括物化劳动与活劳动)占用、劳动消耗与获得的劳动成果之间的比较；目标，即根据组织的使命而提出的组织在一定时期内所要达成的预期效果。

49.【答案】A。解析：菲德勒的领导权变理论认为，领导和领导者是某种既定环境的产物，决定领导有效性的环境因素主要有：职位权力、任务结构、上下级关系。

50.【答案】A。解析：特雷斯·迪尔和阿伦·肯尼迪认为，企业文化是价值观、英雄人物、习俗仪式、文化网络、企业环境。

51.【答案】A。解析：全面质量管理的组织形式包括全面质量管理筹划小组、过程管理团队、质量改进团队、行动改正团队和过程改正团队。其中行动改正团队通常是由全面质量管理筹划小组临时组建的。

体中采用“头脑风暴法”,个人常因注意别人发表意见或自己的表达机会受剥夺,使自己的思维受到干扰而中断,因而无助于新思想的产生。

74.【答案】C。**解析**:综合尺度量表法是将结果导向量表法与行为导向量表法相结合的一种评价方法。行为对照表法,又称普洛夫斯特法,是通过将员工的实际行为与量表中各个项目进行对照并做出评价的方法。行为锚定量表法是将传统的业绩测评表和关键事件标准相结合所形成的一种规范化的绩效评价方法。行为观察量表法是在行为锚定量表法的基础上演化而来的,它是通过指出员工表现各种行为的频率来评价员工的工作绩效。

75.【答案】B。**解析**:总体战略,它是组织的战略总纲,是组织的领导层指导与控制组织一切行为的行动纲领。在大中型组织里,特别是多元发展的组织中,总体战略是组织最高层次的战略,它主要是解决组织应该选择哪些业务,进入哪些领域。

76.【答案】D。**解析**:当组织出于自身需要,为了实现组织目标,要向它的管理对象进行专门的说服时,便形成了游说策动工作。

77.【答案】B。**解析**:对于组织人员而言,主要从道德品质、工作能力、工作态度、工作业绩、个性特征等五方面予以考评。对组织人员考评的上述五个方面,重要程度是不一样的,其中工作业绩考评和能力考评是关键。

78.【答案】C。**解析**:六西格玛管理主张消除偏差将会解决流程和业务中的问题,其真正力量在于它是人的力量与流程的力量的结合。六西格玛管理包含了五个步骤:定义(Define)、测量(Measure)、分析(Analyze)、改进(Improve)和控制(Control),通常被简称为DMAIC。

79.【答案】D。**解析**:组织文化的显性内容是指组织文化的表层部分,是形成制度层和精神层的条件,是一种以物质形态为主要研究对象的表层组织文化。四个选项中只有D项符合。

80.【答案】C。**解析**:对于管理者来说,是否具有创新思维,是由各个方面的因素决定的,他的管理经验、知识水平和文化素养都是创新思维的前提,但在管理活动中,最能激发管理者的创新思维的因素是目标、意志、兴趣、情感等。

81.【答案】A。**解析**:非预算控制法包括实地视察法、报告制度法、比率分析控制法、会计审计控制法、统计控制法和计划评审技术法。

82.【答案】B。**解析**:在一定的组织框架下,为了使组织内部决策过程顺利运行,就必须花费相当的代价和协调成本来促使组织内部管理交易有效完成。这便产生了内部组织管理机制的运行成本。

83.【答案】B。**解析**:高层管理者花在计划、组织和控制职能上的时间要比基层管理者多,而基层管理者花在领导职能上的时间要比高层管理者多。

84.【答案】B。**解析**:非正式组织是组织成员为了满足特定的心理或情感需要而在其实际活动和共同相处的过程中,自发和自然形成的团体。

85.【答案】C。**解析**:绩效评估中,重视上级评估的评价指标是组织领导能力和公共关系能力;重视同级评估的评价指标是协作性;重视上级、下级评估的评价指标是积极性。

86.【答案】D。**解析**:由委托代理关系所产生的委托代理成本在组织管理中表现为监督激励成本、承诺成本和剩余损失。

87.【答案】A。**解析**:亨利·明茨伯格揭示了管理者的三大类角色:人际关系角色、信息传递角色、决策控制角色，仔细考察了管理者的工作及其对组织的巨大作用。其中，人际关系角色包括挂名首脑、领导者和联络员三种角色。作为挂名首脑，需要代表所在组织与同行和外部组织开展有效的联络和互动，履行法律性和社会性的义务，如接待来访者，签署合同文件等。

88.【答案】A。**解析**：链式沟通由于信息层层传递，容易造成信息的遗失和失真，从而导致相互之间的信息差异化较大。

89.【答案】A。**解析**：组织产权制度主要是指组织的所有权与经营权问题。

90.【答案】A。**解析**：目标管理的具体做法分三个阶段：第一阶段为目标的设置；第二阶段为实现目标过程的管理，即实施目标；第三阶段为测定与评价所取得的成果。

91.【答案】C。**解析**：根据计划内容的明确性标准，可以将计划分为具体性计划与指导性计划。

92.【答案】B。**解析**：直线组织结构适用于没必要按职能实行专业化管理的小型组织或者应用于现场作业管理，故 A 项不正确。直线——参谋系统适用于中小组织规模，对于规模大，决策时需要考虑的因素复杂的组织不适用，故 C 项错。矩阵型组织结构适用于需要集中各方面的专业人员参加完成的项目或者任务，故 D 项错，根据排除法选择 B。

93.【答案】B。**解析**：在组织条件不变的情况下，管理幅度与管理层次通常成反比例关系，即管理幅度宽，则管理层次少，反之亦然。

94.【答案】B。**解析**：根据题干可知，该集团划分是按照地区为依据的。

95.【答案】A。**解析**：市场压力型组织创新的动力主要来自于市场竞争压力。市场竞争压力迫使企业求生存、谋发展，努力通过战略创新、文化创新和结构创新来保持和提高企业核心能力，靠持续的技术创新赢得竞争优势。它同战略先导型组织创新和技术诱导型组织创新一样，是组织创新的路径之一。

96.【答案】C。**解析**：管理中经常发生的冲突绝大多数是由组织结构的差异引起的。

97.【答案】B。**解析**：物质文化是组织文化的表层，是形成组织文化精神层和制度层的条件。包括组织名称、标志、标准字、标准色等方面。

98.【答案】D。**解析**：零基预算，是美国德克萨斯仪器公司首创的，其基本思想是在每个预算年度开始时，将所有还在进行的管理活动都看作重新开始，即以零为基础的预算方法。

99.【答案】C。**解析**：组织创新的方式有兼并、分割、创新全新组织。其中分割是指根据企业经营目标，将目标不同的成员分开，在必要时为维护整体目标而分离或丢弃不相适应的成员。

100.【答案】C。**解析**：控制具有激励功能，文化具有促使组织成员从内心产生一种高昂情绪和发奋进取精神的效应。因此通过强化企业理念对员工形成约束，使员工能够自觉地开展工作属于文化手段。

101.【答案】B。

102.【答案】A。**解析**：管理职能是管理者实施管理的功能或程序。管理职能包括计划、组织、领导和控制。计划职能是管理者为实现组织目标对工作所进行的筹划活动，是管理者的首位职能。

103.【答案】B。**解析**：按照业务范围可以将控制工作分为生产(作业)控制、质量控制、成本控制和资金控制等。

104.【答案】D。**解析**：影响和制约组织结构涉及和建立的因素主要来自信息沟通、经营战略、技术特点、管理体制、组织规模和组织环境(主要指外部环境)六个方面。

105.【答案】B。**解析**：定性预测方法是对预测对象进行定性分析时使用的方法。定性预测的数据或结果往往不是根据历史统计数据直接计算获取的，而是充分发挥人的智慧、经验的作比，层次越多，效率越低；在管理对象和内容不变的情况下，管理层次的减少会导致管理幅度的增大，二者成反比；管理幅度越大，管理事务越难，因此管理幅度与管理事务的难易成正比；由于管理层次与管理幅度的比例关系只存在于一定的条件下并受到若干因素的影响，因此可以说二者没有固定的数额和比例，A 项正确，本题正确答案为 BCD。

7.**【答案】**AC。**解析：**激励因素，又称本质因素或内容因素，主要与工作内容和工作成果有关，如职业认可、工作的挑战性、工作责任、个人发展等，这类因素的存在能够使员工感到满意，能够对员工产生强大而持久的激励作用。

8.**【答案】**ABCD。**解析：**所谓管理跨度，又称为管理幅度与管理宽度，就是一个上级直接指挥的下级数目。管理幅度在很大程度上决定着组织要设置多少层次，配备多少管理人员。在其他条件相同时，管理跨度越宽，组织效率越高。一个组织的各级管理者究竟选择多大的管理跨度，应视实际情况而定，影响管理跨度的因素有：(1)管理者的能力；(2)下属的成熟程度；(3)工作的标准化程度；(4)工作条件；(5)工作环境。如果员工训练有素且经验丰富，那么适合更大的管理跨度；一般而言，管理跨度和管理效率(即效果)成反比，如果管理者想要提高灵活性，则需要减少管理跨度；同样，管理跨度太大，也会削弱管理效果。

9.**【答案】**BCD。

10.**【答案】**BD。**解析：**B、D 两项属于方案抉择的基本方法，方案抉择除此两种方法之外，还有试验法及模拟法。

11.**【答案】**ABD。**解析：**组织创新的路径包括战略先导型、技术诱导型和市场压力型。

12.**【答案】**BCD。**解析：**在现代企业中，管理创新目标的设定常常带有弹性，并且在设定过程中要遵循以下基本要求：可实现性、协调性、经济性。

13.**【答案】**ABC。**解析：**强制性工具又叫规制性工具。它的特点是用规制和直接行动的方式对市场组织和社会个体施加影响，以实现期望的政策目标。常见的公共部门强制性管理工具包括：管制、公共企业以及国家直接服务。

14.**【答案】**BCD。**解析：**赫茨伯格通过调查发现，使员工感到不满的往往是公司政策与管理方式、上级监督、工资、人际关系和工作条件等因素，这些与工作环境和外部因素有关。赫茨伯格将这类因素称为"保健因素"。另一方面，使员工对工作感到满意的往往是成就、赞赏、工作本身、责任和进步等因素，是属于工作本身和工作内容方面的因素。赫茨伯格将这类因素称为"激励因素"。A 项属于保健因素的内容。

15.**【答案】**ABCD。**解析：**管理具有的基本特性包括两重性、目标性、组织性、创新性。其中，两重性指的是管理的一般性和特殊性，也指管理的科学性和艺术性。

16.**【答案】**AC。**解析：**政府是典型的公共组织，现代政府作为社会全体合法成员共同利益的代表，是通过法定的公共程序产生的，其权力是得到社会公众认同的，因此，政府管理具有典型的合法性和强制性。

17.**【答案】**BCD。**解析：**组织文化的基本功能包括：导向功能、凝聚功能、激励功能、约束功能、辐射功能。

18.**【答案】**ABD。**解析：**组织规模与外部交易成本成反比——组织规模大、知名度高、资信好可降低搜寻成本；价格协调实力强可降低谈判成本；经营稳定性较强，对对手违约的抵御能力较强可降低履约成本。

19.【答案】ABCD。解析:有效的组织战略应包括五个基本要素:战略愿景、目标与目的、资源、业务和组织。

20.【答案】AC。解析:在传统技术环境下,链式和轮式沟通应用的较多,组织的沟通大多采用这两种方式。

21.【答案】ABCD。解析:沟通在管理中的主要功能有以下四点:控制、激励、情绪表达、获取信息。

22.【答案】BC。解析:正式沟通指的是通过组织明文规定的渠道进行信息的传递和交流。其优点是约束力强、沟通效果较好。缺点是组织管理层次多,沟通渠道长,因而传递信息速度慢,容易造成信息损失。

23.【答案】ABCD。解析:要做好有效控制,应当做到以下几点:控制应该同计划与组织相适应;控制应该突出重点,强调例外;控制应该具有灵活性、及时性和适度性;控制应该具有客观性、精确性和具体性;控制过程应避免出现目标扭曲问题;控制工作应注重培养组织成员的自我控制能力。

24.【答案】BD。解析:职能部门化的局限性表现在:不利于产品结构的调整、不利于高级管理人员的培养、部门之间活动不协调,选项中符合的只有B、D。

25.【答案】CD。解析:A、B选项都是由于沟通各方自身原因所造成的障碍,属于主观障碍。C、D选项则是由于沟通各方自身以外的原因所造成的障碍,属于客观障碍。

26.【答案】ACD。解析:在手术过程中指导,显然是事中、实时、现场控制。

27.【答案】ABD。解析:领导工作的原理包括指明目标原理、目标协调原理、命令一致性原理、直接管理原理、沟通联络原理、激励原理。

28.【答案】ABCD。解析:四个角色职能对应答案,计划即设计方向,控制即控制方向,组织即组织轮船、船员等,领导即获得船员信任支持。

29.【答案】ABC。解析:非正式组织的消极作用主要是:它可能在有些时候会和正式组织构成冲突,影响组织成员间的团结和协作,妨碍组织目标的实现。D项表述过于绝对。

30.【答案】ABCD。解析:管理宽度又称"管理幅度",是指一名主管人员有效地监督、管理其直接下属的人数限度,一旦超过这个限度,管理的效率就会随之下降。影响管理宽度的主要因素有管理及下属的能力、组织的稳定性、组织沟通的类型及方法、计划和授权。

31.【答案】CD。解析:领导者的影响力主要来源于职位权力与个人权力两个方面。职位权力的影响力包括奖赏权力、强制权力和合法权力;个人权力的影响力包括专家权力和榜样权力。

32.【答案】BD。解析:摩西把一部分权力下放给队长,并分成组、队等级别,运用的是分权原则和层级控制原则。

33.【答案】CD。解析:分红与带薪休假都属于物质性奖励。C、D两项主要是在满足员工精神方面的需求,属于精神性奖励。

34.【答案】ACD。解析:随着管理劳动及其相应管理决策、管理组织、管理监督、管理信息、管理工具的现代化,现代管理效率呈现出新的特征:管理效率的多重化、管理效率的集约化和管理效率的综合化。

35.【答案】BCD。解析:领导者的基础性权力包括:法定权、强制权、奖励权、专长权和个人影响权。以上五种权力中,法定权、强制权、奖励权属于职务权力范畴,而专长权和个人影响权属

法 律

专项一 | 单项选择题

1.根据《中华人民共和国商业银行法》(以下简称《商业银行法》)第四十三条规定,商业银行目前在我国境内可以开展的业务是(　　)。

A.非自用不动产投资　　B.信托投资业务

C.证券经营业务　　D.金融债券买卖

2.根据《中华人民共和国合同法》(以下简称《合同法》)规定,下列关于合同内容约定不明确的处理办法,不正确的是(　　)。

A.履行地点不明确,交付不动产的,在接受货币一方所在地履行

B.价款或者报酬不明确的,按照订立合同时履行地的市场价格履行

C.质量要求不明确的,按照相关的国家标准、行业标准履行

D.履行期限不明确的,债务人可以随时履行,债权人可以随时要求履行,但应给予对方必要的准备时间

3.IPO 是指一家企业或公司(股份有限公司)第一次将它的股份向公众出售。根据《中华人民共和国证券法》(以下简称《证券法》)中对其发行要求,以下不正确的是(　　)。

A.公开发行的股份占公司股份总数的 25%以下

B.公司股本总额不少于人民币 3 000 万元

C.公司在三年内无重大违法行为,财务会计报告无虚假记载

D.股票经国务院证券管理部门核准已公开发行

4.根据《证券法》规定,关于收购要约的表述,不正确的是(　　)。

A.收购要约的期限不得少于 30 日,并不得超过 60 日

B.在收购要约的有效期限内,收购人可以根据经营策略撤回其收购要约

C.收购人在依照规定报送上市公司收购报告书之日起 15 日后,公告其收购要约

D.收购人需要变更收购要约中的事项的,必须事先向监管机构提出报告,经获准后予以公告

5.以下关于法律责任的说法,正确的是(　　)。

A.赵某期末考试作弊,被学校处以留校察看处分,属于法律制裁

B.周某与李某签订了一份买卖合同,按照合同规定,周某应在合同签订后 5 日内日将 100 台电脑交付给李某,在该履行期内,李某享有民事权利,周某承担民事义务

C.甲公司因拖欠乙公司被投诉至法院，乙公司胜诉后甲公司拒不执行，乙公司向法院申请强制执行，甲公司知晓后将公司财产陆续转移，因被执行人为甲公司，所以只能追究甲公司的刑事责任

D.某水果摊摊主纠结他人暴力抗拒工商局执法人员检查，并将执法人员打成重伤，该摊主除承担行政责任外，还将承担刑事责任

6.女大学生王丽到某超市购物，离开时，被保安阻拦，保安怀疑王丽携带了未结账的商品，将王丽带到超市的值班室处理，值班经理将王丽自带手袋打开检查，并叫来女工作人员对王丽进行全身搜查，均未查到未结账的商品，遂将王丽放走。事后，王丽在超市被搜身的消息在本校传开，超市的这一行为对王丽形成巨大的精神压力，侵犯了公民的（　　）。

A.人身自由权　　　　B.社会经济权

C.平等权　　　　D.政治权力和自由

7.2017年，中国建设银行在全行范围内开展了"合规建行，知行合一"活动，假设你是中国建设银行的员工，正在参加法律知识竞赛，其中涉及借款合同。根据《中华人民共和国合同法》，下列说法中不正确的是（　　）。

A.借款人提前偿还借款的，除当事人另有约定的以外，应当按照实际借款的期间计算利息

B.借款人未按照约定的借款用途使用借款的，贷款人可以停止发放借款、提前收回借款，也可以解除合同

C.自然人之间的借款合同对支付利息没有约定或者约定不明确的，视为不支付利息

D.借款合同转移的是货币的使用权，而非货币的所有权

8.目前中国建设银行在境内拥有建信基金、建信金融租赁、建信信托、建信人寿、建信期货、建信养老金、建信财险等子公司。下列关于子公司的说法中正确的是（　　）。

A.当子公司财产不足清偿债务时，母公司仅对子公司的债务承担补充清偿责任

B.子公司可自己单独出资再设立一家全资子公司

C.子公司的法定代表人应当由母公司的法定代表人担任

D.子公司的财产所有权属于母公司，但由子公司独立使用

9.合伙事务的执行可以采取灵活的方式，只要全体合伙人同意即可。具体方式包括四种，但表述错误的是（　　）。

A.由各合伙人分别单独执行合伙事务

B.由部分合伙人委托数名合伙人执行合伙事务

C.由全体合伙人共同执行，这种方式适合于合伙人数较少的合伙

D.由一名合伙人执行合伙事务，即一名合伙人受托代表全体合伙人执行合伙事务

10.在公示催告期间届满后、除权判决作出前，又有利害关系人申报权利的，应该（　　）。

A.判决终结公示催告　　　　B.仲裁终结公示催告

C.裁定终结公示催告　　　　D.调解终结公示催告

11.清算人是指清算企业中执行清算事务以及对外代表者，个人独资企业清算的清算人，原则上是（　　）。

A.负责人　　B.经理人　　C.管理人　　D.投资人

27.根据《中华人民共和国公司法》(以下简称《公司法》),公司股东不可以用(　　)作为出资入股。

A.实物　　B.个人劳务

C.土地使用权　　D.知识产权

28.甲公司以其生产设备作抵押向乙银行借款500万元。抵押期间,甲公司将该设备卖给丙公司,并告知丙公司该设备已经抵押。对此,下列表述中正确的是(　　)。

A.只要甲公司提供相当的担保而不损害乙银行的利益,即使未经乙银行同意,甲公司也可以转让该设备

B.甲公司与丙公司之间的买卖合同无效

C.若经乙银行同意,并由丙公司代甲公司向乙银行偿付借款,则甲公司可以转让该设备

D.甲公司只要通知乙银行,即可转让该设备

29.在京津冀一体化不断发展的过程中,各家商业银行也借助这一战略机遇,纷纷进行分支机构网点布局,下列关于商业银行分支机构说法中,正确的是(　　)。

A.商业银行的分支机构具有法人资格,其民事责任自行承担

B.商业银行在中华人民共和国境内的分支机构,应按行政区划设立

C.商业银行设立分支机构必须经国务院银行业监督管理机构或者其省一级派出机构审查批准

D.商业银行对其分支机构实行全行统一核算、统一调度资金、分级管理的财务制度

30.追索权是在金融活动和票据流通过程中,票据持有人的一种权利。被追索人履行了自己的追索义务,向追索人偿还追索金额后,得向其前手追索义务人进行追索的权利,其行为称为(　　)。

A.期后追索权　　B.续追索权

C.期前追索权　　D.再追索权

31.贷款担保是指银行在发放贷款时,要求借款人提供担保,以保障贷款债权实现的法律行为,以下属于贷款担保方式的是(　　)。

A.长期贷款　　B.信用贷款

C.特定贷款　　D.自营贷款

32.在企业所得税的征收管理中,以下表述不正确的是(　　)。

A.企业应当自月份或者季度终了之日起60日内,向税务机关报送预缴企业所得税纳税申报表,预缴税款

B.企业应当自年度终了之日起5个月内,向税务机关报送年度企业所得税纳税申报表

C.企业在年度中间终止经营的,应自实际经营终止之日起60日内,向税务机关办理当期企业所得税汇算清缴

D.企业所得税按纳税年度计算,纳税年度自公历1月1日起至12月31日止

33.股东不得抽逃出资。抽逃出资是指向公司出资后又以各种名义或者手段将出资从公司转移,不包括的情形是(　　)。

A.通过虚构的债权债务关系将其出资转出

B.利用关联的各种交易将应出的资金转出

C.做虚假财务会计报表虚增利润进行分配

D.将出资款项转入公司账户验资后又转出

34.根据反垄断法规定,国务院反垄断执法机构在审查经营者集中时,下列应考虑的因素中,不正确的是(　　)。

A.参与集中的经营者在相关市场的市场份额及其对市场的控制力

B.经营者集中对消费者和其他有关经营者的影响

C.通过销售网点的分布情况来判断市场集中度

D.经营者集中对市场进入、技术进步的影响

35.甲被车撞伤倒地,行人乙拦下一辆出租车,将甲送往医院,乙支付了车费,其间,甲的手机丢失。下列表述中正确的是(　　)。

A.车费由甲承担,甲手机丢失的损失由乙赔偿

B.车费不由甲承担,甲手机丢失的损失由乙赔偿

C.车费由甲承担,甲手机丢失的损失不由乙赔偿

D.车费不由甲承担,甲手机丢失的损失不由乙赔偿

36.按照我国有关的法律规定,遗产继承的第一顺序继承人为(　　)。

A.配偶、子女、父母　　B.兄弟、配偶、子女

C.子女、父母、兄弟　　D.父母、兄弟、配偶

37.根据《中华人民共和国民事诉讼法》(以下简称《民事诉讼法》)的规定,审判人员的回避,由(　　)决定。

A.审判委员会　　B.院长

C.审判长　　D.书记员

38.根据《中华人民共和国刑事诉讼法》(以下简称《刑事诉讼法》)的相关规定,下列哪一案件是由高级人民法院管辖的第一审刑事案件?(　　)

A.危害国家安全的案件　　B.全国性的重大刑事案件

C.可能判处死刑的案件　　D.全省性的重大刑事案件

39."禁止法官在法律上沉默"。关于这句话,下列理解错误的是(　　)。

A.在有法律规则的情况下,法官应按法律规则裁判

B.在没有法律规则的情况下,法官可以按法律原则进行裁判

C.在法律原则和法律规则冲突的情况下,法官必须做出选择

D.在没有法律规定的情况下,法官才可以选择沉默

40.下列关于法律渊源的说法,错误的是(　　)。

A.最高人民法院指导性案例不是我国法律的渊源

B.乡规民约不能在裁判文书中引用

C.国际条约中我国申明保留的条款不能作为我国法律的渊源

D.香港特别行政区法律是我国法律的渊源

C.罪刑法定原则的核心价值在于惩罚和预防犯罪

D.罪刑法定原则要求适用有利于行为人的法律

54.甲乙夫妇带着名贵爱犬去海边度假,散步时老婆乙和狗同时掉进海里,甲赶忙跳下海,先将狗救上岸,待再救乙上岸时,乙因溺水过久抢救无效死亡。下列判断正确的是(　　)。

A.甲的行为是不作为　　B.甲的主观上是故意的

C.本案属于义务冲突　　D.乙的死亡属于意外事件

55.按照我国刑法的规定,紧急避险不负刑事责任。但其构成条件有明确的规定,关于紧急避险的构成条件,下列表述不正确的是(　　)。

A.必须且只能是为了使国家的利益免受正在发生的危险

B.必须是在不得已情况下所采取

C.不应超过必要的限度

D.这种危险必须是正在发生的

56.甲想去澳门赌博,但苦于没有资金,遂与乙携匕首将企业主丙劫持到宾馆客房,要求丙筹款,丙以参与竞标名义让财务送来 2 000 万元银行承兑汇票。乙继续看守丙,甲携汇票至澳门赌博,获利 650 万元,第三天甲回来,将 2 000 万元汇票还给丙。并支付 32 万元利息。下列判断正确的是(　　)。

A.甲乙构成抢劫罪的既遂　　B.甲乙构成抢劫罪的中止

C.甲乙构成绑架罪的既遂　　D.甲乙构成绑架罪的中止

57.《中华人民共和国刑法》(以下简称《刑法》)第二十九条第二款规定:“如果被教唆的人没有犯被教唆的罪,对于教唆犯,可以从轻或者减轻处罚。”下列案件符合该款规定的是(　　)。

A.甲教唆乙故意伤害丙,乙打死了丙

B.甲花 10 万元指使乙杀害丙,乙拿钱后因害怕没有实施杀人行为

C.甲教唆乙抢夺,乙实施了抢劫

D.甲教唆乙盗窃丙,乙在盗窃时被丙发现,乙刺伤丙后逃离

58.下列各项中,不能进行行政复议的是(　　)。

A.行政处罚行为　　B.行政裁决行为

C.行政立法行为　　D.行政征收行为

59.根据《中华人民共和国行政处罚法》(以下简称《行政处罚法》)的规定,下列情况中,行为人不受行政处罚的是(　　)。

A.受他人胁迫有违法行为的

B.主动消除或减轻违法行为危害后果的

C.配合行政机关查处违法行为有立功表现的

D.违法行为轻微并及时纠正,没有造成危害后果的

60.法律是体现(　　)的意志,由国家制定并由国家强制力保证实施的行为规范体系。

A.被统治阶级　　B.统治阶级

C.无产阶级　　D.资产阶级

61.关于我国的民族区域自治制度,说法不正确的是(　　)。

A.前提在国家的统一领导下

B.少数民族聚居区为基础

C.设立自治机关,行使自治权

D.民族区域自治制度说明我国不是单一制国家

62.以下既是公民的基本权利也是公民基本义务的是(　　)。

A.受教育　　B.维护国家统一和民族团结

C.服兵役　　D.依法纳税

63."国家尊重和保护人权"通过我国(　　)年的宪法修正案写进宪法。

A.1988　　B.1993

C.1999　　D.2004

64.关于我国国家主席,下列说法不正确的是(　　)。

A.中华人民共和国主席是我国的国家元首,对内对外代表国家

B.国家主席是一个国家机关,包括国家主席和副主席

C.国家主席、副主席由全国人大及其常委会选举产生

D.国家主席、副主席的任期同全国人大每届任期相同

65.食品检验事关千家万户,根据我国法律的规定,下列关于食品检验的叙述,不正确的是(　　)。

A.食品检验由食品检验机构指定的检验人独立进行

B.食品检验实行食品检验机构与检验人负责制

C.食品生产经营企业应当委托符合法律规定的食品检验机构进行检验

D.除法律另有规定外,食品检验机构按照国家有关认证认可的规定取得资质认定后,方可从事食品检验活动

66.甲、乙、丙三人共同设立H有限责任公司,出资比例分别为70%、25%、5%。自2005年开始,公司的生产经营状况严重恶化,甲乙丙三人之间互不配合,不能作出任何有效决议。甲提议通过股权转让摆脱困境被其他股东拒绝。下列说法正确的是(　　)。

A.只有控股股东甲可以向法院请求解散公司

B.只有甲、乙可以向法院请求解散公司

C.甲、乙、丙中任何一人都可以向法院请求解散公司

D.不应解散公司,而应通过收购股权等方式解决问题

67.根据《中华人民共和国政府采购法》(以下简称《政府采购法》)的规定,政府采购应当采购本国货物、工程和服务,但也有例外。下列选项中,不属于例外的是(　　)。

A.需要采购的货物、工程或者服务无法以合理的商业条件获取

B.需要采购的货物、工程或者服务在中国境内无法获取

C.为在中国境外使用而进行的采购

D.政府采购限额标准以上的货物、工程和服务的行为

B.对于犯杀人、爆炸、抢劫、强奸、绑架等暴力性犯罪的犯罪分子,即使被判处10年以下有期徒刑,也不得适用假释

C.对于累犯,只要被判处的刑罚为10年以下有期徒刑,均可适用假释

D.被假释的犯罪分子,在假释考验期间再犯新罪的,不构成累犯

83.在世贸组织争端解决程序中,申请设立专家组的前提条件是(　)。

A.申请　　B.起诉

C.磋商　　D.提议

84.我国公民的民事权利能力始于(　)。

A.8周岁　　B.出生　　C.16周岁　　D.18周岁

85.《中华人民共和国反垄断法》(以下简称《反垄断法》)对于行政机关或者其授权的部门,其滥用行政权力限制竞争的行为称为(　)。

A.权力性垄断　　B.行政性垄断

C.部门性垄断　　D.纵向性垄断

86.近年来,我国多个省区市都在相继出台异地高考方案,稳步促进教育公平,根据我国宪法,下列关于教育公平的说法正确的是(　)。

A.异地高考问题从本质上说是因为我国公民没有迁徙的自由

B.公民平等地享有国家的教育资源是一项宪法权利

C.地方教育资源的分享属于地方事务,中央政府无权干涉

D.教育不公平是历史性问题,不可能改变

87.由于宪法是国家根本大法,统治阶级如果不是有意着眼于改革,一般不会轻易地修改宪法,加之宪法自身都做了严格修改程序的宣告,使得宪法的修改不会轻易发生,鉴于此,宪法规范在形式上具有(　)。

A.相对稳定性　　B.最高权威性

C.纲领性　　D.原则性

88.下列关于私有财产的表述,不符合我国现行宪法规定的是(　)。

A.公民的合法的私有财产不受侵犯

B.任何人不得剥夺公民的私有财产

C.国家依据法律规定保护公民的私有财产权和继承权

D.国家为了公共利益的需要,可以依据法律规定对公民的私有财产实行征收或者征用并给予补偿

89.农村集体经济组织实行(　)的双层经营体制。

A.集体统一经营为主,家庭承包经营为辅

B.家庭承包经营为主,集体统一经营为辅

C.家庭承包经营为基础,统分结合

D.集体统一经营为基础,统分结合

90.我国的政权组织形式是(　)。

A.人民代表大会制度　　B.全国人民代表大会

C.民族区域自治制度　　D.政治协商制度

91.确定什么年龄开始负刑事责任，是刑事立法中的重要问题之一，我国刑法规定的完全负刑事责任的最低年龄是(　　)。

A.14 周岁　　B.16 周岁

C.18 周岁　　D.20 周岁

92.刑法的基本原则不包括(　　)。

A.适用刑法平等原则　　B.罪刑相适应原则

C.数罪并罚原则　　D.罪刑法定原则

93.下列行政制裁中属于行政处分的是(　　)。

A.罚款　　B.拘留

C.吊销执照　　D.开除

94.下列选项中，(　　)不可作为行政诉讼的证据。

A.视听资料　　B.证人证言

C.勘验笔录、现场笔录　　D.网络评论

95.下列行为中，(　　)属于行政复议的范围。

A.小李对本单位开除他的决定不服

B.公民王某对行政机关做出的行政拘留决定不服

C.单位内部调整人员的决定引起争议

D.小张对于行政机关对治安案件迟迟未处理提出意见

96.关于民事诉讼中的调解，下列说法错误的是(　　)。

A.调解达成协议，必须双方自愿，不得强迫

B.案件调解达成协议，双方当事人必须制作调解书

C.调解书经双方当事人签收后，即具有法律效力

D.调解未达成协议或者调解书送达前一方反悔的，人民法院应当及时判决

97.法所体现的公平、正义，是统治阶级所承认的公平、正义。这是因为(　　)。

A.法是一种社会意识形态

B.法反映的内容是社会物质生活条件决定的

C.法反映的思想永恒不变

D.法反映的是统治阶级的根本利益和共同意志

98.民事法律关系的构成要素有(　　)。

①主体　　②法律事实

③内容　　④客体

A.①②③　　B.①②④

C.②③④　　D.①③④

99.全国公安机关开展网上追逃专项督查“清网行动”(　　)。

①是建设社会主义法治中国的要求

②说明国家的中心工作已经发生了转移

③是为了维护社会的公平正义

④能杜绝违法犯罪现象的发生

A.①③　　B.②④　　C.③④　　D.①②

6.根据《商业银行法》,下列表述中哪些是错误的?(　　)

A.商业银行的工作人员不得在任何组织中兼职

B.商业银行对任何一个关系人的贷款余额不得超过商业银行资本余额的20%

C.个人所负数额较大债务到期未能清偿的人不能招聘为商业银行的高级管理人员

D.商业银行的高级管理人员及信贷业务人员不能从本银行取得贷款

7.下列关于国有独资公司说法正确的有(　　)。

A.某国有独资公司章程规定,其董事会人数为10人

B.国有独资公司的董事会和监事会中应当有职工代表

C.国有独资公司的董事长未经国有资产监督管理机构批准,不得在其他公司中兼职

D.国有独资公司的公司章程可以授权董事会制定,但应报国有资产监督管理机构批准

8.甲是一普通合伙企业的合伙人,以一座房产出资,后因病死亡,其子乙10岁。下列关于乙的权利及其行使的判断哪些是正确的?(　　)

A.乙因继承当然成为合伙企业的合伙人

B.乙可以要求分割甲在合伙企业的财产份额

C.经其他合伙人一致同意,乙可以成为合伙人

D.如果按照退伙处理,对甲的财产份额的退还可以采用退还货币,也可以退还实物

9.中国某企业与新加坡某公司拟在中国组建一家具有法人资格的中外合作经营企业,双方草签了合同。合同约定的以下事项中,哪些是符合我国法律规定的?(　　)

A.合作企业的注册资本是100万元,其中外方占22%,中方占78%

B.外方出资中包括一套价值10万元的设备,于合作企业取得营业执照后3个月内运抵企业所在地

C.中方出资中的30万美元为现金,由中方向银行借贷,合作企业以设备提供担保

D.合作企业头5年的利润分配,中外双方各按50%比例进行分配

10.以下关于人身保险,说法不正确的有(　　)。

A.法人可以成为投保人

B.法人可以成为被保险人

C.未出生的胎儿可以成为被保险人

D.无行为能力人不能成为以死亡为给付保险金条件的人身保险的被保险人,但监护人可以为无行为能力人投保

11.根据我国宪法和法律规定,下列选项中属于民族自治地方的是(　　)。

A.自治区　　B.自治州

C.自治县　　D.民族乡

12.下列选项中属于国务院职能范围的是(　　)。

A.修改宪法

B.制定和修改基本法律

C.批准省、自治区和直辖市的划分

D.对国防、民政、文教、经济等各项行政工作的领导和管理

13.某私营企业违法经营,主管行政机关准备对其作出行为罚,具体措施可能是(　　)。

A.治安拘留　　B.责令停产停业

C.罚款　　D.吊销营业执照

14.行政行为无效的法律后果有(　　)。

A.司法机关可以不受时效限制审查该行为

B.行政机关应将行政行为实施取得利益返还

C.行政行为自宣布无效之日起失去法律效力

D.行政相对人对该行为有抵抗权

15.行政复议撤销决定的适用情形有(　　)。

A.超越职权　　B.滥用职权

C.适用法律错误　　D.具体行政行为明显不当

16.甲与乙共谋次日共同杀丙,但次日甲因腹泻未能前往犯罪地点,乙独自一人杀死丙。关于本案,下列哪些说法是正确的?(　　)

A.甲与乙构成故意杀人罪的共犯

B.甲与乙不构成故意杀人罪的共犯

C.甲承担故意杀人预备的刑事责任,乙承担故意杀人既遂的刑事责任

D.甲与乙均承担故意杀人既遂的刑事责任

17.成立不作为犯罪所要求的特定义务来源为(　　)。

A.法律明文规定的义务

B.职务上、业务上要求履行的义务

C.道义上的义务

D.行为人先行行为使法律所保护的某种利益处于危险状态时所引起的负有防止危险结果发生的义务

18.在下列情形中,应视为不法侵害已经终止的是(　　)。

A.不法侵害已经完结　　B.不法侵害人自动中止侵害

C.不法侵害人已被制服　　D.不法侵害人已经丧失继续侵害的能力

19.处断的一罪包括(　　)。

A.结果加重犯　　B.吸收犯

C.牵连犯　　D.连续犯

20.以下属于法律效力的范围的是(　　)。

A.时间效力　　B.空间效力

C.对人的效力　　D.对事的效力

21.以下属于法律关系主体的是(　　)。

A.公民(自然人)　　B.机构

C.组织(法人)　　D.国家

22.最高人民检察院对(　　)负责。

A.国家主席　　B.全国人大

40.下列各项中,属于行政行为的有(　　)。

A.某市政府为建办公楼与某建筑公司签订建筑承包合同

B.某市政府为修建大型水利设施而对该地居民区实施的拆迁行为

C.商务部作出禁止某外国企业并购中国企业的决定

D.消防局向某企业发出火灾隐患整改通知书

41.根据我国《治安管理处罚法》,治安管理处罚的种类有(　　)。

A.警告　　B.罚款

C.行政拘留　　D.吊销公安机关发放的许可证

42.下列属于无效的行政行为的是(　　)。

A.行政主体受胁迫而作出的行政行为　　B.行政行为有重大违法行为

C.行政行为将导致相对人犯罪　　D.行政行为没有可能实施

43.下列犯罪中属于告诉才处理的犯罪有(　　)。

A.侵占罪　　B.侮辱罪

C.遗弃罪　　D.虐待罪

44.犯罪构成客观要件中的选择要件包括(　　)。

A.犯罪行为　　B.特定的犯罪方法

C.特定的时间、地点　　D.犯罪客体

45.有权对刑法作出司法解释的机关包括(　　)。

A.公安部　　B.最高人民检察院

C.最高人民法院　　D.全国人民代表大会及其常务委员会

46.A 小区王某等住户因车位问题与该小区的开发商 B 公司发生争议。B 公司与王某等住户的购房合同规定:B 公司将为本楼住户提供地下停车场的停车车位。但王某等住户搬进小区后,发现 B 公司已将该楼 50 多套房连同地下停车场卖给了 C 公司。C 公司明确表示,地下停车场的车位仅供本楼本单位的职工使用,其他住户要停车必须按每天 15 元的标准缴费。下列说法中正确的是(　　)。

A.地下停车场属于业主共有部分,B 公司无权转让

B.王某等住户可以根据其与 B 公司的购房合同追究 B 公司的违约责任

C.王某等住户有权无偿使用地下停车场的停车车位

D.C 公司是地下停车场的新的所有权人,有权决定停车场的使用方式

47.小李 8 岁、小张 6 岁。某日放学后,两人觉得无聊,便相约到山上玩耍。由于山上碎石特别多,两人就随手拾起向远处掷。农民老黄刚好在山下经过,被石头砸伤,花去医疗费 5 000元。请问,下列说法正确的是(　　)。

A.小李、小张构成共同危险行为

B.小张的监护人承担医疗费

C.小李的监护人与小张的监护人共同承担医疗费

D.由于小李与小张都是未成年人,属于意外事件,应由老黄自己承担医疗费

48.胡某与同村赵女依法登记结婚,结婚前或结婚后双方没有就财产作出任何的约定。2002年1月,胡某因公致残,单位给了他医疗费、残疾人补助费等20万元人民币。不久,其配偶赵女提出离婚。经查,双方居住的房屋是赵女婚前的房屋;婚后赵女以法定继承的方式继承其母亲的遗产5万元;婚后胡某一方以个人财产投资取得的收益4万元。如果法院判决双方离婚,依法应确定哪些财产属于胡某或赵女一方的个人财产?(　　)

A.20万元属于胡某的个人财产　　B.5万元属于赵女的个人财产

C.房屋属于赵女的个人财产　　D.4万元的收益属于胡某的个人财产

49.某男与某女于2002年1月登记结婚。2002年12月女儿出世。2003年初某男南下打工,不久当上了公司经理助理,之后与女秘书甲关系暧昧,并对甲谎称自己是未婚,提出与甲结婚。通过各种关系和造假,某男与甲登记结婚,并在公司举行了婚礼。2004年3月,某女发现了某男的重婚行为。针对某男和甲的婚姻关系,有权依法提出宣告某男和甲之间婚姻无效的主体是(　　)。

A.甲　　B.某男

C.甲的父母　　D.某男的父母

50.根据我国宪法,与公民享有的劳动权利对应的国家义务有(　　)。

A.国家通过各种途径,创造劳动就业条件,加强劳动保护

C.国家通过各种途径,提高劳动者的劳动报酬和福利待遇

C.国家应当对就业前的公民进行必要的劳动就业训练

D.国家应当为每个失业的公民提供工作岗位

51.宪法规定公民享有的下列社会经济权利、文化教育权利中,不属于公民可以积极主动向国家提出请求的权利有(　　)。

A.受教育权　　B.财产权

C.继承权　　D.劳动权

52.行政处罚决定书应当由执法人员签名或者盖章,并需载明的内容有(　　)。

A.行政处罚的依据　　B.处罚内容、时间、地点

C.当事人的违法事实　　D.处罚机关名称

53."实现全面建成小康社会的总目标,需要完善和发展中国特色社会主义制度、政策、战略、方针。"下列关于中国特色的社会主义政治制度表述正确的是(　　)。

A.人民代表大会制度是我国的根本政治制度

B.中国共产党领导的多党合作制度是我国基本的政治制度

C.民族区域自治制度是我国的基本政治制度

D.我国根本制度是人民民主专政制度

54.关于合同双方的权利和义务,下列说法中正确的是(　　)。

A.多数合同双方的权利和义务是对等的

B.权利和义务受法律保护,对当事人具有约束力

C.只有签订了书面合同,权利和义务才受法律保护

D.任何一方违反了约定的义务,都要承担相应的法律责任

抚养权；二是子女对父母的赡养权；三是父母子女间互有行为能力宣告、失踪宣告和死亡宣告申请权，以及一方失踪后的财产代管权。②祖孙之间：一是祖父母与孙子女、外祖父母与外孙子女之间：有负担能力的祖父母、外祖父母，对于丧失亲权保护的未成年子女、孙子女、外孙子女有抚养、教育权；二是有负担能力的孙子女、外孙子女，对于子女已经死亡的祖父母、外祖父母有赡养权；三是互有继承权、行为能力宣告、失踪宣告和死亡宣告申请权，以及一方失踪后的财产代管权。③兄弟姐妹之间：一是有负担能力的兄姐对于推动亲权保护的未成年弟、妹有抚养教育权；二是互有继承权、行为能力宣告、失踪宣告和死亡的申请权，以及一方失踪后的财产代管权；三是由兄、姐抚养成人的弟、妹对于丧失劳动能力不能独立生活的兄、姐有抚养权。

14.**【答案】**D。**解析**：《中华人民共和国继承法》第二十二条规定，“遗嘱必须表示遗嘱人的真实意思，受胁迫、欺骗所立的遗嘱无效。伪造的遗嘱无效。遗嘱被篡改的，篡改的内容无效”。所以王某继承母亲的遗嘱无效。第十七条规定，“代书遗嘱应当有两个以上见证人在场见证，由其中一人代书，注明年、月、日，并由代书人、其他见证人和遗嘱人签名”。题干并未阐明有第三人见证，故无从判断。

15.**【答案】**A。**解析**：《商业银行法》第四十条规定，商业银行不得向关系人发放信用贷款；向关系人发放担保贷款的条件不得优于其他借款人同类贷款的条件。前款所称关系人是指：①商业银行的董事、监事、管理人员、信贷业务人员及其近亲属；②前项所列人员投资或者担任高级管理职务的公司、企业和其他经济组织。

16.**【答案】**C。**解析**：《合同法》第一百九十八条规定，订立借款合同，贷款人可以要求借款人提供担保。担保依照《中华人民共和国担保法》的规定。所以A项错误。本法第二百零九条规定，借款人可以在还款期限届满之前向贷款人申请展期。贷款人同意的，可以展期。所以B项错误。本法第二百零一条规定，贷款人未按照约定的日期、数额提供借款，造成借款人损失的，应当赔偿损失。借款人未按照约定的日期、数额收取借款的，应当按照约定的日期、数额支付利息。所以C项正确。本法第二百零三条规定，借款人未按照约定的借款用途使用借款的，贷款人可以停止发放借款、提前收回借款或者解除合同。所以D项错误。

17.**【答案】**B。**解析**：与银行“二人临柜，复核为准”的规定不同，“误您一分钟，赔您一元钱”是体现公平、诚实信用原则的民事行为，是能够被储户接受的要约，而“二人临柜，复核为准”，是银行单方面的强制性规定，不能体现储户的意愿。

18.**【答案】**C。**解析**：《中华人民共和国合伙企业法》（以下简称《合伙企业法》）第十一条第一款规定，合伙人可以用货币、实物、土地使用权、知识产权或者其他财产权利出资；第三款规定，经全体合伙人协商一致，合伙人也可以用劳务出资，其评估办法由全体合伙人协商确定。周文提供土地使用权，郑武和李元用财产出资，张天是劳务出资，所以四人都是工厂合伙人。

19.**【答案】**B。**解析**：根据《刑法》规定，国家工作人员利用职务上的便利，挪用公款归个人使用，进行非法活动的，或者挪用公款数额较大、进行营利活动的，或者挪用公款数额较大、超过3个月未还的，是挪用公款罪，处5年以下有期徒刑或者拘役；情节严重的，处5年以上有期徒刑。挪用公款数额巨大不退还的，处10年以上有期徒刑或者无期徒刑。挪用用于救灾、抢险、防汛、优抚、扶贫、移民、救济款物归个人使用的，从重处罚。

20.**【答案】**B。**解析**：《商业银行法》第四条第三款规定，商业银行以其全部法人财产独立承担民事责任。

21.【答案】D。解析:《物权法》第四十五条规定,法律规定属于国家所有的财产,属于国家所有即全民所有。国有财产由国务院代表国家行使所有权;法律另有规定的,依照其规定。

22.【答案】D。

23.【答案】A。

24.【答案】C。解析:股票是股份公司发给股东的入股凭证,是股东取得股息的一种有价证券。股东是指通过向公司出资或其他合法途径出资并获得公司股权,并对公司享有权利和承担义务的人。

25.【答案】B。解析:泄露个人信息属于侵犯个人隐私,隐私权属于人格权。

26.【答案】A。

27.【答案】B。解析:《公司法》第二十七条第一款规定:"股东可以用货币出资,也可以用实物、知识产权、土地使用权等可以用货币估价并可以依法转让的非货币财产作价出资;但是,法律、行政法规不得作为出资的财产除外。"

28.【答案】C。解析:《物权法》第一百九十一条:"抵押期间,抵押人经抵押权人同意转让抵押财产的,应当将转让所得的价款向抵押权人提前清偿债务或者提存。转让的价款超过债权数额的部分归抵押人所有,不足部分由债务人清偿。

抵押期间,抵押人未经抵押权人同意,不得转让抵押财产,但受让人代为清偿债务消灭抵押权的除外。"

29.【答案】D。解析:商业银行分支机构不具有法人资格,在总行授权范围内依法开展业务,其民事责任由总行承担。商业银行设立其分支机构,根据本行的业务需要可以在我国境内外设立分支机构。商业银行设立分支机构必须经国务院银行业监督管理机构审查批准,对符合条件的,才颁发经营许可证。A、B、C 三项错误。《商业银行法》第二十二条规定,商业银行对其分支机构实行全行统一核算、统一调度资金、分级管理的财务制度。

30.【答案】D。解析:期前追索权:是指在汇票上所载的到期日到来之前,因发生到期付款的可能性显著减少的情况,而得进行追索的权利。期后追索权:是指在票据到期时,持票人因不获付款而得进行追索的权利。再追索权:是指被追索人在履行了自己的追索义务,向追索人偿还追索金额后,得向其前手追索义务人进行追索的权利。

31.【答案】B。解析:个人贷款可以采用的担保方式有抵押、质押、保证及无担保的信用贷款。信用贷款是指以借款人的信誉发放的贷款,借款人不需要提供担保。其特征就是债务人无需提供抵押品或第三方担保仅凭自己的信誉就能取得贷款,并以借款人信用程度作为还款保证的。这种信用贷款是我国银行长期以来的主要放款方式。

32.【答案】A。解析:根据《中华人民共和国企业所得税法》第五十四条规定,企业所得税分月或者分季预缴。企业应当自月份或者季度终了之日起 15 日内,向税务机关报送预缴企业所得税纳税申报表,预缴税款。按照规定,应在月份或者季度终了之日起十五日内,而非 60 日内。

33.【答案】D。解析:最高人民法院《关于适用〈公司法〉若干问题的规定(三)》(法释〔2014〕2号)第十二条在原有基础上仅删除了第 1 项"将出资款项转入公司账户验资后又转出",完全保留了后面的 4 项可认定为"股东抽逃出资"的行为,即:(1)制作虚假财务会计报表虚增利润进紧急避险超过必要限度造成不应有的损害的,应当负刑事责任,但是应当减轻或者免除处罚。

56.【答案】A。解析:绑架罪,是指利用被绑架人的近亲属或者其他人对被绑架人安危的忧虑,以勒索财物或满足其他不法要求为目的,使用暴力、胁迫或者麻醉等方法劫持或以实力控制他人的行为。抢劫罪是以非法占有为目的,对财物的所有人、保管人当场使用暴力、胁迫或其他方法,强行将公私财物抢走的行为。本题中,甲乙是从丙处直接取走财物,应认定为抢劫罪。甲乙的行为已构成抢劫罪的既遂,事后返还的行为不影响抢劫罪既遂的成立,只是会影响量刑。

57.【答案】B。解析:如果被教唆的人没有犯被教唆的罪,对于教唆犯,可以从轻或者减轻处罚。这种情况在刑法理论上称为教唆未遂。按照刑法理论,“被教唆的人没有犯被教唆的罪”一般包括以下四种情况:(1)被教唆的人拒绝教唆犯的教唆;(2)被教唆的人虽然接受教唆,但并没有实施犯罪行为;(3)被教唆的人实施犯罪并不是教唆犯的教唆行为所致;(4)被教唆的人虽然实施了犯罪,但所犯之罪的性质与教唆犯所教唆之罪的性质完全不同。本题中只有B项乙虽然接受教唆,但并没有实施犯罪行为,属于《刑法》第二十九条第二款规定的情形。

58.【答案】C。解析:根据《行政复议法》第六条的规定,有下列情形之一的,公民、法人或者其他组织可以依照本法申请行政复议:①对行政机关作出的警告、罚款、没收违法所得、没收非法财物、责令停产停业、暂扣或者吊销许可证、暂扣或者吊销执照、行政拘留等行政处罚决定不服的;②对行政机关作出的限制人身自由或者查封、扣押、冻结财产等行政强制措施决定不服的;③对行政机关作出的有关许可证、执照、资质证、资格证等证书变更、中止、撤销的决定不服的;④对行政机关作出的关于确认土地、矿藏、水流、森林、山岭、草原、荒地、滩涂、海域等自然资源的所有权或者使用权的决定不服的;⑤认为行政机关侵犯合法的经营自主权的;⑥认为行政机关变更或者废止农业承包合同,侵犯其合法权益的;⑦认为行政机关违法集资、征收财物、摊派费用或者违法要求履行其他义务的;⑧认为符合法定条件,申请行政机关颁发许可证、执照、资质证、资格证等证书,或者申请行政机关审批、登记有关事项,行政机关没有依法办理的;⑨申请行政机关履行保护人身权利、财产权利、受教育权利的法定职责,行政机关没有依法履行的;⑩申请行政机关依法发放抚恤金、社会保险金或者最低生活保障费,行政机关没有依法发放的;⑪认为行政机关的其他具体行政行为侵犯其合法权益的。只有行政立法行为不属于行政复议的范围,故本题选C。

59.【答案】D。解析:《行政处罚法》第二十七条规定,当事人有下列情形之一的,应当依法从轻或者减轻行政处罚:①主动消除或者减轻违法行为危害后果的;②受他人胁迫有违法行为的;③配合行政机关查处违法行为有立功表现的;④其他依法从轻或者减轻行政处罚的。违法行为轻微并及时纠正,没有造成危害后果的,不予行政处罚。

60.【答案】B。解析:法律是体现统治阶级的意志,由国家制定并由国家强制力保证实施的行为规范体系。

61.【答案】D。解析:我国通过建立民族区域自治制度解决单一制下的民族问题,但是民族区域自治不能否认我国单一制的国家结构形式。

62.【答案】A。解析:B、C、D三项均只属于我们国家公民的基本义务。

63.【答案】D。解析:2004年宪法修正案增加“三个代表”为指导思想,增加政治文明,增加了对私有财产的保护,建立健全社会保障制度的规定,对非公有制经济形势的政策由原来的引导、监督和管理改为鼓励、支持和引导，增加尊重和保障人权，将戒严改为紧急状态，全国人大代表的组成增加了特别行政区，乡级人大的任期由3年改为5年，增加了进行国事活动的规定和国歌。

64.【答案】C。解析：我国的国家主席和副主席只能由全国人大选举产生。

65.【答案】C。解析：《食品安全法》第八十九条规定，食品生产企业可以自行对所生产的食品进行检验，也可以委托符合本法规定的食品检验机构进行检验。

66.【答案】B。解析：《公司法》第一百八十二条规定，公司经营管理发生严重困难，继续存续会使股东利益受到重大损失，通过其他途径不能解决的，持有公司全部股东表决权百分之十以上的股东，可以请求人民法院解散公司。本题中甲持股70%，乙持股25%，表决权超过了10%，因此甲、乙可以向法院请求解散公司。

67.【答案】D。解析：《政府采购法》第十条规定，政府采购应当采购本国货物、工程和服务。但有下列情形之一的除外：①需要采购的货物、工程或者服务在中国境内无法获取或者无法以合理的商业条件获取的；②为在中国境外使用而进行采购的；③其他法律、行政法规另有规定的。本题是对法条的直接考查，D项不属于例外情况。

68.【答案】D。解析：成文法典是大陆法系国家法律的特点。

69.【答案】B。解析：我国的《立法法》对全国人民代表大会及其常务委员会的立法程序进行了基本的规定，全国人民代表大会及其常务委员会的立法程序主要有以下四个步骤：法律议案的提出、法律草案的审议、法律议案的表决和通过、法律的公布。其他的立法程序一般参照进行。

70.【答案】D。解析：法制是法治的前提和条件，法治是法制的立足点和归宿，D项表述不准确。

71.【答案】B。

72.【答案】C。解析：《宪法》第二条规定，中华人民共和国的一切权力属于人民。

73.【答案】D。解析：《宪法》第六十四条规定，宪法的修改，由全国人民代表大会常务委员会或者五分之一以上的全国人民代表大会代表提议，并由全国人民代表大会以全体代表的三分之二以上的多数通过。法律和其他议案由全国人民代表大会以全体代表的过半数通过。

74.【答案】D。解析：我国《行政诉讼法》第十九条规定，对限制人身自由的行政强制措施不服提起的诉讼，由被告所在地或者原告所在地人民法院管辖。

75.【答案】C。

76.【答案】A。

77.【答案】A。解析：盗窃罪的既遂与未遂的区别是：盗窃行为已经使被害人丧失了对财物的控制时，就是既遂。至于行为人是否最终达到了非法占有并任意处置该财物的目的，并不影响既遂的成立。本题中陈某趁珠宝柜台的售货员接待其他顾客时，伸手从柜台内拿出一枚价值2 300元的戒指，握在手中。此时戒指已经在其控制之下，即其秘密窃取财物的行为已经实施完毕，符合盗窃罪的全部构成要件，成立盗窃既遂，故选项B说法错误。陈某速将戒指扔回柜台内的行为是发生在盗窃犯罪既遂之后，因此不存在盗窃中止的情形，其将戒指扔回柜台只是属于被迫返还财物，而并不影响对其犯罪性质的认定。

78.【答案】B。解析：《刑法》第三十六条第二款规定："承担民事赔偿责任的犯罪分子，同时被判处罚金，其财产不足以全部支付的，或者被判处没收财产的，应当先承担对被害人的民事法履行的。

(10)申请行政机关依法发放抚恤金、社会保险金或者最低生活保障费,行政机关没有依法发放的。

(11)认为行政机关的其他具体行政行为侵犯其合法权益的。

行政复议的排除范围:(1)行政机关的行政处分或者其他人事处理决定。对这些决定引起的争议,应按照法律、行政法规的规定提出申诉;(2)行政机关对民事纠纷作出的调解或者其他处理,对这些处理引起的争议,当事人可以依法申请仲裁或者向人民法院提起诉讼。

96.【答案】B。**解析**:我国《民事诉讼法》第九十八条规定,下列案件调解达成协议,人民法院可以不制作调解书:①调解和好的离婚案件;②调解维持收养关系的案件;③能够即时履行的案件;④其他不需要制作调解书的案件。对不需要制作调解书的协议,应当记入笔录,由双方当事人、审判人员、书记员签名或者盖章后,即具有法律效力。因此,并不是所有调解协议都要制作调解书。

97.【答案】D。**解析**:法是统治阶级进行阶级统治的工具,体现的是统治阶级的意志,这是法的本质。

98.【答案】D。**解析**:民事法律关系三要素:主体、内容和客体。

99.【答案】A。**解析**:全国公安机关开展网上追逃专项督查"清网行动",体现了建设社会主义法治中国的要求,但不代表我国现阶段的工作重心发生转移,现阶段我国的工作中心仍然是以经济建设为中心,因此②错误;"清网行动"的开展能在一定程度上起到法律上的震慑作用,也会在一定程度降低犯罪率,但不能完全杜绝违法犯罪现象的发生,因此④错误。故排除B、C、D项。

100.【答案】D。**解析**:①税收关系属于行政征收,是行政法律关系,由行政法调整。故①不选;②属借贷关系,③属婚姻关系,④属赠与关系,三者均属民法调整范围。

101.【答案】B。**解析**:罂粟作为毒品原材料会对人体健康产生危害,面皮店使用"罂粟"会直接侵害人的生命健康权。

102.【答案】D。**解析**:人身权是指与人身相联系或不可分离的没有直接财产内容的权利。经营权直接与财产相关,不属于人身权,排除B、C项。法人的人身权包括名称权、荣誉权、名誉权等。姓名权、隐私权是专属于自然人的人身权。排除A项。

103.【答案】C。**解析**:我国《物权法》第二百二十三条规定,债务人或者第三人有权处分的下列权利可以出质:①汇票、支票、本票;②债券、存款单;③仓单、提单;④可以转让的基金份额、股权;⑤可以转让的注册商标专用权、专利权、著作权等知识产权中的财产权;⑥应收账款;⑦法律、行政法规规定可以出质的其他财产权利。因此,①③④正确。隐私权属于人身权,与人身不可分离,不能转让。②不选。

104.【答案】D。**解析**:根据《合同法》第五十二条规定,下列合同无效:(1)一方以欺诈、胁迫的手段订立的损害国家利益的合同;(2)恶意串通,并损害国家、集体或第三人利益的合同;(3)以合法形式掩盖非法目的的合同;(4)损害社会公共利益的合同;(5)违反法律和行政法规的强制性规定的合同。①②符合无效合同的构成要件。

105.【答案】A。**解析**:根据诉讼要解决的案件的性质、诉讼的内容和程序等因素的不同,诉讼可以分为刑事诉讼、民事诉讼和行政诉讼三种。尽管民事诉讼、刑事诉讼与行政诉讼内容不同,参加的主体不同,诉讼权利也各有不同,但公民依法享有诉讼权利的法律基础是相同的。④不选。

106.【答案】C。**解析**:我国《刑事诉讼法》第二百六十七条规定,未成年犯罪嫌疑人、被告人没有委托辩护人的,人民法院、人民检察院、公安机关应当通知法律援助机构指派律师为其提供辩护。小光15岁属于未成年人,人民法院应当为小光指定辩护人。

107.【答案】A。**解析**:我国《刑事诉讼法》第四十九条规定,公诉案件中被告人有罪的举证责任由人民检察院承担,自诉案件中被告人有罪的举证责任由自诉人承担。

108.【答案】D。**解析**:法律上的平等是实施上的平等。

109.【答案】A。**解析**:我国的法律渊源分为以下几类:宪法、法律、行政法规、地方性法规、民族自治法规、经济特区的经济法规、国际条约和国家惯例。乡规民约不是我国法律的渊源。

110.【答案】D。**解析**:我国《宪法》第六条规定,中华人民共和国的社会主义经济制度的基础是生产资料的社会主义公有制,即全民所有制和劳动群众集体所有制。社会主义公有制消灭人剥削人的制度,实行各尽所能、按劳分配的原则。

专项二 多项选择题

1.【答案】ABCD。**解析**:《民法总则》第一百七十九条规定,"承担民事责任的方式主要有:(一)停止侵害;(二)排除妨碍;(三)消除危险;(四)返还财产;(五)恢复原状;(六)修理、重作、更换;(七)继续履行;(八)赔偿损失;(九)支付违约金;(十)消除影响、恢复名誉;(十一)赔礼道歉。"

2.【答案】ABD。**解析**:《公司法》第七条规定,"依法设立的公司,由公司登记机关发给公司营业执照。公司营业执照签发日期为公司成立日期。公司营业执照应当载明公司的名称、住所、注册资本、经营范围、法定代表人姓名等事项。公司营业执照记载的事项发生变更的,公司应当依法办理变更登记,由公司登记机关换发营业执照。"

3.【答案】CD。**解析**:根据《票据法》第十三条规定,"票据债务人可以对不履行约定义务的与自己有直接债权债务关系的持票人,进行抗辩。"故A、B两项正确。根据票据的无因性,票据上的法律关系是一种金钱给付关系,票据权利基于有效票据而产生。票据原因关系和民商事关系无效或有瑕疵,均不影响票据的效力。因此,虽然Y公司交付的货物存在质量问题,但是X公司也无权以此为由请求甲银行止付。故C项错误。付款人在进行付款时,只需对所提示的票据进行形式审查,并无实质审查义务。付款人在履行法定审查义务后进行的付款是有效付款,即使发生错付,亦可善意免责。故D项错误。

4.【答案】AB。**解析**:《物权法》第二百二十三条规定,债务人或者第三人有权处分的下列权利可以出质:(一)汇票、支票、本票;(二)债券、存款单;(三)仓单、提单;(四)可以转让的基金份额、股权;(五)可以转让的注册商标专用权、专利权、著作权等知识产权中的财产权;(六)应收账款;(七)法律、行政法规规定可以出质的其他财产权利。故本题选AB。

5.【答案】ACD。**解析**:《合同法》第二百一十条规定,自然人之间的借款合同,自贷款人提供借款时生效。A项正确;第二百零六条规定,借款人应当按照约定的期限返还借款。对借款期限没有约定或者约定不明确,依照本法第六十一条的规定仍不能确定的,借款人可以随时返还;贷款人可以催告借款人在合理期限内返还。第六十二条规定,履行期限不明确的,债务人可以随时履行,债权人也可以随时要求履行,但应当给对方必要的准备时间。D项正确。最高人民法院关于人民法院审理借贷案件的若干意见第九条规定,公民之间的定期无息借贷,出借人要求借款人偿付逾期利息,或者不定期无息借贷经催告不还,出借人要求偿付催告后利息的,可参人)以及国家。

22.【答案】BC。**解析**:人民检察院实行双重领导体制。最高人民检察院对全国人民代表大会和全国人大常委会负责,地方各级人民检察院对产生它的国家权力机关和上级人民检察院负责。

23.【答案】ABCD。**解析**:宪法不同于其他法律的特殊性,主要表现在:(1)在内容上,宪法规定国家最根本、最重要的制度和最基本的国策;(2)在地位上,宪法在整个法律体系中处于最高的地位;(3)在效力上,宪法是其他法律的立法依据,其他一般法律不得抵触宪法;(4)在规范上,宪法是最根本的行为准则;(5)在修改程序上,宪法制定和修改程序比其他一般法律的程序更为严格。

24.【答案】ABCD。**解析**:中国共产党同各民主党派合作的基本方针是"长期共存、互相监督、肝胆相照、荣辱与共"。

25.【答案】BCD。**解析**:适用规则有:第一,上位法优于下位法。第二,同位阶的法律规范具有同等的法律效力,在各自权限范围内实施。第三,特别法优于一般法。第四,新法优于旧法。第五,不溯及既往。

26.【答案】AD。**解析**:根据《行政许可法》第十四条,必要时,国务院可以采用发布决定的方式设定行政许可,所以B选项不正确。根据《行政许可法》第十六条规定,法规、规章对实施上位法设定的行政许可作出的具体规定,不得增设行政许可,所以,C选项也不正确。A选项符合第十三条的规定,D选项符合第十五条的规定。

27.【答案】BCD。**解析**:行政程序法的基本原则包括程序公正的原则、相对人参与的原则和效率原则。

28.【答案】ABCD。**解析**:《刑法》第二十五条第二款规定,二人以上共同过失犯罪,不以共同犯罪论处;应当负刑事责任的,按照他们所犯的罪分别处罚,故选项A正确。《刑法》第二十六条第三款规定,对组织、领导犯罪集团的首要分子,按照集团所犯的全部罪行处罚,故选项B正确。一般地,若事前通谋,事后按照约定对犯罪分子犯罪所得赃物予以窝藏、转移、收购、代为销售或者以其他方法掩饰、隐瞒的,应按犯罪分子所实施的特定犯罪的共同犯罪处理,故选项C正确。在共同犯罪中,实行过限行为,由实行该种行为的人独自承担刑事责任,其他共同犯罪人对此不负刑事责任,故选项D正确。本题应选ABCD。

29.【答案】ABCD。**解析**:所谓正当防卫,是指为了使国家、公共利益、本人或者他人的人身、财产权利免受正在进行的不法侵害,而对不法侵害者所实施的不明显超过必要限度的损害行为。

30.【答案】AC。**解析**:本题考查的知识点是:抗税罪的客观方面。《刑法》规定:"以暴力、威胁方法拒不缴纳税款的,处三年以下有期徒刑或者拘役,并处拒缴税款一倍以上五倍以下罚金;情节严重的,处三年以上七年以下有期徒刑,并处拒缴税款一倍以上五倍以下罚金。"根据这一规定,暴力和威胁方法是抗税罪法定的行为方式,所以,本题的正确答案是AC。

31.【答案】ABCD。**解析**:本题考查的知识点是:已满十四周岁未满十六的未成年人承担刑事责任的范围。我国《刑法》第十七条第二款规定:"已满十四周岁不满十六周岁的人,犯故意杀人、故意伤害致人重伤或者死亡、强奸、抢劫、贩卖毒品、放火、爆炸、投毒罪的,应当负刑事责任。"根据这一规定,本题的正确答案是ABCD。

32.【答案】CD。**解析**:本题考查的知识点是:罪数形态的处断原则。所谓"从一重处断"是指对具体罪数形态所触犯的数个罪名,按照其犯罪行为所触犯的数罪中最重的犯罪论处。所以,适用“从一重处断”原则的前提是犯罪行为触犯数个异种罪名。在罪数形态中,适用“从一重处断”原则的只有两种:想象竞合犯和牵连犯。在本题所给出的几种罪数形态中,继续犯、吸收犯只触犯一个罪名,所以不可能适用“从一重处断”原则,因此,本题的正确答案是CD。

33.【答案】ABCD。**解析**:本题考查的知识点是:国家工作人员的含义。《刑法》第九十三条规定:“本法所称国家工作人员,是指国家机关中从事公务的人员。国有公司、企业、事业单位、人民团体中从事公务的人员和国家机关、国有公司、企业、事业单位委派到非国有公司、企业、事业单位、社会团体从事公务的人员,以及其他依照法律从事公务的人员,以国家工作人员论。”根据这一规定,本题的正确答案是ABCD。

34.【答案】BD。**解析**:选项A是自伤自残行为,选项C属于个人行为,A、C项不是国家赔偿范围。选项B是行政机关不作为造成损害的,属于国家赔偿的范围。选项D是没有及时采取保全措施造成申请人损失的,是法院的过错,属于国家赔偿的范围。

35.【答案】AB。**解析**:法律关系的主体必须具有权利能力和行为能力。权利能力是指能够参与一定的法律关系,依法享有一定权利和承担一定义务的能力或资格。行为能力,是指法律关系主体能够通过自己的行为实际取得权利和履行义务的能力。

36.【答案】ABCD。**解析**:选举基本原则包括:(1)选举权的普遍性原则;(2)选举权的平等性原则;(3)直接选举和间接选举相结合原则;(4)秘密投票原则;(5)代表受监督原则;(6)选举权利受保障原则。

37.【答案】ABCD。**解析**:我国的选举权和被选举权具有广泛性,除了依法剥夺政治权利期间及未满18周岁者以外,其他公民均享有选举权和被选举权。选举权不仅仅包括选举出代表的权力,罢免自己选出的代表也是选举权的一个重要方面。每位选民只有一次登记权和投票权,选举费用由国库开支。

38.【答案】ABCD。**解析**:人民代表大会制度是中国的根本政治制度,概括为:第一,国家的一切权力属于人民;第二,人民通过民主选举产生全国人民代表大会和地方各级人民代表大会;第三,国家行政机关、审判机关、检察机关都由人民代表大会产生,对它负责,受它监督;第四,全国人民代表大会和地方各级人民代表大会对人民负责,受人民监督。

39.【答案】AC。**解析**:一般许可,是指只要符合法定的条件,就可向主管行政机关提出申请,对申请人并无特殊限制的许可。如驾驶许可、营业许可等。特殊许可,是指除符合一般条件外,还对申请人予以特别限制的许可。如持枪许可、烟草专卖许可等。另外,按照许可书面文件形式可划分为:独立证书许可和附文件的许可。独立证书许可是指单独的许可证便足以表明持有人被许可的活动范围、方式、时间等,无需其他文件加以补充说明的行政许可;附文件的许可,指必须附加文件予以说明被许可的活动内容、范围、方式、时间等的行政许可。例如商标许可证还要附商标设计图样。从以上分析可知驾驶执照属于一般许可和独立许可。

40.【答案】BCD。**解析**:行政行为是指行政主体行使行政职权,做出的能够产生行政法律效果的行为。机关盖办公楼而与建筑商发生的行为并不属于行政行为,只是一方为政府机关的民事行为。

41.【答案】ABCD。**解析**:《治安管理处罚法》第十条明确规定:“治安管理处罚的种类分为:

计算机

专项一 | 单项选择题

1.计算机管理系统的本质是(　　)。

A.数据仓库系统　　　　B.大型网络系统

C.人机管理系统　　　　D 人工智能系统

2."云安全(Cloud Security)"计划是网络时代信息安全的最新体现,它融合了一些新兴技术和概念,但一般不包括(　　)。

A.包过滤防火墙　　　　B.并行处理

C.未知病毒行为判断　　　　D.网格计算

3.(　　)是一种可以创建和体验虚拟世界的计算机仿真系统,它利用计算机生成一种模拟环境,是一种多源信息融合的交互式的三维动态视景和实体行为的系统仿真,使用户沉浸到该环境中。

A.虚拟现实技术 VR　　　　B.影像现实 CR

C.增强现实技术 AR　　　　D.混合虚拟技术 MR

4.某大型超市中的几台收银机突然同时发生了网络故障,无法提供收银服务,服务员很抱歉的请排队等候的顾客移至其他收银台完成付款,却发现所有收银台都不可以付款。最终维修人员发现是由于控制室中央设备出现故障导致的。据此可以推断,这个大型超市中收银台网络互连的拓扑结构可能属于(　　)。

A.树型结构　　　　B.星型结构

C.总线型结构　　　　D.环形结构

5."阿尔法围棋"(AlphaGo)在几次世界瞩目的人机大战后站在了围棋之巅,现在它又以一种新的方式超越了自己:新版本"从零开始"自学围棋,仅用 3 天就击败其前辈版本,成为新的王者。"阿尔法围棋"主要采用的技术是(　　)。

A.虚拟现实　　　　B.仿真技术

C.人工智能　　　　D.多媒体技术

6.数据挖掘算法主要有聚类算法、关联算法、决策树算法和回归分析等,各种算法用于解决不同的实际问题。某分行拟通过对县域机构数量和存款市场竞争力的相关性进行分析,进而建立两者之间的函数表达式,用新思维拓展县域市场,提升县域存款的市场竞争力,则可以采用的是(　　)。

A.决策树算法　　B.关联算法

C.回归分析　　D.聚类分析

7.图灵测试的标准是当超过(　　)的测试者不能区分哪些题是人答的、哪些题是机器答的,那么这台机器就通过了测试,并被认为具有人类智能。

A.60%　　B.40%　　C.30%　　D.50%

8.以下关于防火墙的描述,错误的是(　　)。

A.最大限度地阻止网络黑客来访问你的网络和消除计算机病毒

B.防火墙是根据“合法”来判定任何数据是否能够进入网络

C.防火墙可以是一个由软件和硬件设备组合而成的网络保护墙

D.防火墙是一种位于内部网络与外部网络之间的网络安全系统

9.SharePoint Workspace 为企业用户提供基于微软 SharePoint 平台的方蝶工作流扩展。用户无需编写代码就可以快速、便捷地设计(　　)。

A.文本文件和表格　　B.图形文件和图像文件

C.任务表单和业务流程　　D.网页文件和操作流程

10.以下文件存储设备中,可靠性最差的是(　　)。

A.硬盘　　B.光盘　　C.软盘　　D.U 盘

11.多媒体计算机的声卡对声音信号的数字化处理包括(　　)。

A.采样、量化和编码　　B.测量、分界和重组

C.收集、变化和调制　　D.观测、分析和存储

12.下列有关 VR(虚拟现实)的描述正确的是(　　)。

A.所看到的场景和人物全是假的,是将人的意识带入一个虚拟的世界

B.通过合并现实和虚拟世界而产生的新的可视化环境

C.通过互联网将现实世界的信息带入虚拟世界中形成的可视化环境

D.所看到的场景和人物一部分是真一部分是假,是把虚拟的信息带入到现实世界中

13.IPTV 网络电视的功能不包括(　　)。

A.直播　　B.点播　　C.录像　　D.交互

14.业界通常用 4 个 V(即 Volume、Variety、Value、Velocity)来概括大数据的特征,这 4 个 V 分别是指(　　)。

A.数据体量巨大、数据类型繁多、价值密度低、处理速度快

B.数据体量巨大、处理速度快、价值密度高、数据类型繁多

C.数据体量巨大、处理速度快、价值密度低、数据类型繁多

D.数据体量巨大、数据类型繁多、价值密度高、处理速度快

15.使用 SQL 命令将学生表 student 中的学生年龄 age 字段的值增加 1 岁,应该使用的命令是(　　)。

A.update set age with age+1　　B.update student age with age+1

C.update studnet set age=age+1　　D.replace age with age+1

D.人工神经网络具有对复杂问题穷举的能力

35.以下有关 Microsoft 公司 Visio 基本术语的描述,错误的是(　　)。

A.创建图表用该图表类型的模板创建此图表

B.Visio 模具包含具有一些共同点形状的集合

C.将图形拖至绘图页上时,原始形状仍在模具上

D.Visio 形状是图表的构建基块,也称为模块

36.在 TCP/IP 体系中,IPv6 地址是(　　)。

A.32 位二进制,采用点分十进制记法

B.64 位二进制,采用冒分十进制记法

C.128 位二进制,采用点分十进制记法

D.128 位二进制,采用冒分十六进制记法

37.信息系统可以按照功能层次分类,以下叙述符合管理信息系统(MIS)功能层次主要应用的是(　　)。

A.管理层,为中层管理人员提供对职能的综合管理服务

B.战略层,为高层主管提供非结构化的战略决策支持

C.知识层,为数据工作者提高办公效率和运营操作服务

D.企业的运营层,为运营操作和运营管理人员服务

38.Windows 7 计算机操作系统 32 位版和 64 位版比较,最直观的区别是(　　)。

A.64 位版的应用软件运行速度快

B.64 位版操作系统的磁盘文件少

C.64 位版的计算机操作系统功耗低

D.64 位版可以支持 128GB 的内存

39.关于 USB 3.0 的指标,错误的是(　　)。

A.USB 3.0 标准要求 USB 3.0 接口供电能力为 0.5A

B.USB 3.0 的 2 根线发送数据,2 根线接收数据,1 根线是地线

C.USB 3.0 可以支持全双工数据传输,同步全速地进行读写操作

D.USB 3.0 理论上的最高传输速率是 5.0Gbps

40.机械硬盘基本参数不包括(　　)。

A.惰转时间　　B.平均访问时间

C.平均寻道时间　　D.等待时间

41.在基于 IEEE 802.11 标准的无线局域网中,允许在局域网网络环境中使用的,且可以不必授权的 ISM 频段,进行无线连接的频射波段是(　　)。

A.2.5GHz 或 5.0GHz　　B.2.4GHz 或 5GHz

C.4GHz 或 8GHz　　D.2.0GHz 或 3.0GHz

42.高速缓冲存储器(Cache)是(　　)。

A.动态 RAM　　B.异步 RAM

C.同步 RAM　　D.静态 RAM

43.以下关于宏病毒的叙述,错误的是(　　)。

A.宏病毒会感染 DOC 文档文件和 DOT 模板文件

B.宏病毒是一种寄存在文档或模板的宏中的计算机病毒

C.感染宏病毒后,宏中必然含有对文档读写操作的宏指令

D.宏病毒是一种寄存在可执行文件中的电脑病毒

44.在 TCP/IP 协议族中,TCP 和 UDP 端口的类型不包括(　　)。

A.动态端口　　B.注册端口　　C.静态端口　　D.公认端口

45.每台访问互联网的电脑,都需要配备 IP 地址,传统的 IP 地址(IPv4)由 32 个二进制位构成。IPv6 是 IPv4 的下一代版本,其地址由 128 个二进制位构成。国家发改委《关于开展国家下一代互联网示范城市建设工作的通知》要求,要加快 IPv6 用户的普及率和网络接入覆盖率。针对国家发改委的这一要求,下列关于 IPv6 优势的说法最准确的是(　　)。

A.IPv6 比 IPv4 更便于记忆

B.IPv6 比 IPv4 提供更多的 IP 地址

C.IPv6 比 IPv4 价格更低廉,配置更方便

D.IPv6 比 IPv4 更容易普及推广

46.下面哪句话是对“虚拟机”的错误理解?(　　)

A.虚拟机指通过软件模拟的具有完成硬件系统的、运行在一个完全隔离环境中的完整计算机系统

B.虚拟机隐藏了硬件的细节,用户会感到机器使用起来更方便、更容易了

C.现实生活中并不存在这种真实机器,它只是用户的一种感觉而已

D.虚拟机不会降低电脑的性能,运行程序更加方便快捷

47.下列关于云计算的说法错误的是(　　)。

A.云计算通过网络处理数据

B.搜寻引擎是云计算在网络服务中的运用

C.执行云计算的服务器为虚拟网络系统

D.许多跨国信息技术行业的公司正在使用云计算的概念销售自己的产品和服务

48.下列关于计算机通信技术的表述不正确的是(　　)。

A.Web2.0 的用户既是网站内容的浏览者,也是网站内容的制造者

B.4G 集 3G 与 WLAN 于一体,并能够传输高质量视频图像

C.物联网是在互联网基础上,实现人与物品之间的信息交换

D.进入纳米时代,新材料研究成为计算机芯片发展的关键

49.20 世纪 60 年代初,美国贝尔实验室编写了一个名为“磁芯大战“的游戏,游戏中通过复制自身来摆脱对方的控制,这就是(　　)的第一个雏形。

A.“蠕虫”　　B.“木马”　　C.“病毒”　　D.“黑客”

50.选项中所列软件都属于操作系统的是(　　)。

A.Flash 和 Linux　　B.Unix 和 Foxpro

C.Word 和 OS/2　　D.Windows XP 和 Unix

71.在 Excel 工作表的 A1 单元格中输入单引号和数字 1 后,按回车。用鼠标指向 A1 单元格的填充柄,并按下左键拖拽到 A3 单元格。A1、A2、A3 的数据应分别是(　　)。

A.1,1,1　　B.1,2,3　　C.1,0,0　　D.1,3,5

72.下列数字图像的文件格式中,能够在网页上发布并可以具有动画效果的是(　　)。

A.BMP　　B.GIF　　C.JPEG　　D.TIFF

73.(　　)是计算机的神经中枢,它用以控制和协调计算机各部件自动连续地执行各条命令。

A.计算器　　B.控制器　　C.存储器　　D.移动硬盘

74.在计算机存储“南辕北辙”这一成语。需要(　　)的空间。

A.四个字节　　B.四个字　　C.八个字节　　D.八个字

75.(　　)是指在一个城市范围内操作的网络,主要是使用地下电缆系统等城市基础电信的网络。

A.局域网　　B.城域网　　C.广域网　　D.网间网

76.要实现输入法之间切换,需要同时按下(　　)。

A.Ctrl+F4　　B.Shift+Delete

C.Ctrl+Alt　　D.Ctrl+Shift

77.在 Word 软件操作过程中,如果对所做的修改不满意,希望恢复到之前的状态,可以使用的命令是(　　)。

A.复制　　B.粘贴　　C.撤销　　D.剪切

78.信息技术指的是用来扩展人的信息器官功能、协助人们进行信息处理的一类技术。下列基本信息技术中,用于扩展人的效应器官功能的是(　　)。

A.感测与识别技术　　B.通信与存储技术

C.计算与处理技术　　D.控制与显示技术

79.下列不属于通信三要素的是(　　)。

A.信源　　B.信宿　　C.信道　　D.电信

80.有一个数值 311 与十六进制数 C9 相等,则该数值是(　　)数。

A.二进制　　B.八进制　　C.五进制　　D.十六进制

81.计算机的存储单元中存储的内容(　　)。

A.只是数据　　B.只能是程序

C.可以是数据和指令　　D.只能是指令

82.甲是计算机处理器的一个功能模块,用来执行加减乘除以及逻辑运算。那么,甲是(　　)。

A.CU　　B.IR　　C.ALU　　D.PC

83.正在编辑的 Word 文件因断电而丢失信息,原因是(　　)。

A.半导体 RAM 中信息因断电而丢失　　B.存储器容量太小

C.没有执行 Windows 系统的关机操作　　D.ROM 中的信息因断电而丢失

84.在 PC 机中,音响通过声卡插在主板的(　　)中。

A.PCI 总线插槽　　B.I/O 端口

C.USB 口　　D.SIMM 插槽

85.下列不属于无线通信线路的是(　　)。

A.微波　　B.光纤　　C.无线电　　D.激光

86.多路复用技术通常分为时分多路复用、(　　)和波分多路复用。

A.相分多路复用　　B.频分多路复用

C.幅分多路复用　　D.空分多路复用

87.下面(　　)不是计算机局域网的主要特点。

A.地理范围有限　　B.数据传输频率高

C.通信延迟时间较低,可靠性较好　　D.构建比较复杂

专项二 | 多项选择题

1.大数据是指数据规模巨大、类型多样且信息传播速度快的数据体系,它在生产经营、日常消费、商务活动等诸多领域源源不断生产、积累、变化和发展。越来越多的企业将大数据视作重要的生产要素,由此产生了可观的经济效益,其传导途径是(　　)。

A.了解市场信息→使用最新科技→产销全部数据化→增强市场竞争力

B.了解市场信息→定位消费需求→优化产品结构→实现适销对路

C.把握市场动向→合理配置资源→调节生产规模→提高市场占有率

D.把握市场动向→控制生产成本→提高产品价值量→增加销售总收入

2.数据库管理员希望对数据库进行性能优化,下列操作中行之有效的方法是(　　)。

A.尽量将数据库的数据库文件和日志文件分别放在不同的分区上

B.尽量多的使用触发器,让 SQL 语句自动完成

C.将数据库涉及的所有文件单独放在一个分区上供用户访问

D.在数据库服务器上尽量不要安装其他的无关服务

3.下列属于光纤通信系统优点的有(　　)。

A.传输频带宽　　B.机械轻度高

C.抗化学腐蚀能力强　　D.抗干扰能力强

4.以下所列集成电路中,属于数字集成电路的有(　　)。

A.中央处理器　　B.RAM 存储器　　C.信号放大器　　D.I/O 控制器

5.巨型机与大型机的区别体现在(　　)。

A.巨型机的体积比大型机大

B.巨型机的运算速度比大型机快

C.巨型机中包含的 CPU 数量比大型机多

D.巨型机支持多用户而大型机不支持多用户

6.以下关于 cache 的叙述中,正确的有(　　)。

A.cache 和主存都用半导体芯片作为存储介质,因此它们的存取速度相差不大

B.在程序中不能用数据传送指令 cache 中某个单元中存储的内容

C.cache 存储容量的大小对计算机的运行速度会产生影响

D.只有将一个程序的全部指令从内存装入 cache 才能在 CPU 中运行该程序

员基于某软件或硬件得以访问一组例程的能力,而又无需访问源码,或理解内部工作机制的细节。操作系统提供给程序员的接口是系统调用,而库函数是通过系统调用所形成的特定功能的函数。

19.【答案】D。解析:总线型拓扑结构简称总线拓扑,它是将网络中的各个节点设备用一根总线(如同轴电缆等)挂接起来,实现计算机网络的功能。

20.【答案】D。解析:模块化是指解决一个复杂问题时自顶向下逐层把系统划分成若干模块的过程,有多种属性,分别反映其内部特性。

21.【答案】A。解析:语音识别技术,也被称为自动语音识别 Automatic Speech Recognition (ASR),其目标是将人类的语音中的词汇内容转换为计算机可读的输入,例如按键、二进制编码或者字符序列。

22.【答案】B。解析:光纤交换机往往根据其功能和特点被分为不同的类别。通常硬件可能都是基于相同的基本架构或者相同的 ASIC 芯片,只是软件的功能不同,光纤交换机的价格是根据它所能满足的需求来制定的。高冗余的核心级交换机是个例外,它往往是根据自己的硬件容错平台开发设计的。

23.【答案】D。解析:静态方法是指不运行被测程序本身,仅通过分析或检查源程序的语法、结构、过程、接口等来检查程序的正确性。动态测试方法是指通过运行被测程序,检查运行结果与预期结果的差异,并分析运行效率、正确性和健壮性等性能。

24.【答案】B。解析:FTP 使用 2 个端口, 一个数据端口和一个命令端口 (也可叫做控制端口)。通常来说这两个端口是 21(命令端口)和 20(数据端口)。

25.【答案】A。解析:非即时码是指接收端收到一个完成的字后,不能立即译码,还需要等到下一个字考试接收后才能判断是否开始译码,否则为即时码。

26.【答案】D。解析:二维码应用根据业务形态不同可分为被读类和主读类两大类。一是,被读类业务:平台将二维码通过彩信发到用户手机上,用户持手机到现场,通过二维码机具扫描手机进行内容识别。应用方将业务信息加密、编制成二维码图像后,通过短信或彩信的方式将二维码发送至用户的移动终端上,用户使用时通过设在服务网点的专用识读设备对移动终端上的二维码图像进行识读认证,作为交易或身份识别的凭证来支撑各种应用。二是,主读类业务:用户在手机上安装二维码客户端,使用手机拍摄并识别媒体、报纸等上面印刷的二维码图片,获取二维码所存储内容并触发相关应用。用户利用手机拍摄包含特定信息的二维码图像,通过手机客户端软件进行解码后触发手机上网、名片识读、拨打电话等多种关联操作,以此为用户提供各类信息服务。

27.【答案】D。解析:演绎综合的理论基础是,数学定理的构造式证明可等价于程序推导。对要生成的程序,用户给出它的输入、输出数据必须满足的条件,条件以某种形式语言(如谓词演算)陈述。对于所有这些满足条件的输入,要求定理证明程序证明存在一个满足输出条件的输出,从该证明中析取出所欲生成的程序。这一途径的优点是理论基础坚实,但迄今只析取出一些较小的样例,较难用于较大规模的程序。

28.【答案】A。解析:先"自上而下"识别和分析,再"自下而上"设计。

29.【答案】B。解析:代理服务器的基本功能:(1)设置用户验证和记账功能,可按用户进行记账,没有登记的用户无权通过代理服务器访问 Internet 网。并对用户的访问时间、访问地点、信息流量进行统计。(2) 对用户进行分级管理,设置不同用户的访问权限,对外界或内部的Internet地址进行过滤,设置不同的访问权限。(3)增加缓冲器(Cache),提高访问速度,对经常访问的地址创建缓冲区,大大提高热门站点的访问效率。(4)连接内网与Internet,充当防火墙。(5)节省IP开销:代理服务器允许使用大量的伪IP地址,节约网上资源,即用代理服务器可以减少对IP地址的需求,对于使用局域网方式接入Internet,如果为局域网(LAN)内的每一个用户都申请一个IP地址,其费用可想而知。但使用代理服务器后,只需代理服务器上有一个合法的IP地址,LAN内其他用户可以使用10.*.*.*这样的私有IP地址,这样可以节约大量的IP,降低网络的维护成本。

30.【答案】D。解析:数据恢复软件包含逻辑层恢复和物理层恢复功能,逻辑层恢复通常是指误删除、误克隆、误格式化、分区丢失、病毒感染等情况,物理层恢复是指由于硬件物理损伤引起的丢失数据恢复,如:电机卡死、盘片物理坏道、硬盘电脑不识别、磁头移位等。

31.【答案】C。解析:数据库管理系统的技术特点有:(1)采用复杂的数据模型表示数据结构,数据冗余小,易扩充,实现了数据共享。(2)具有较高的数据和程序独立性,数据库的独立性有物理独立性和逻辑独立性。(3)数据库系统为用户提供了方便的用户接口。(4)数据库系统提供4个方面的数据控制功能,分别是并发控制、恢复、完整性和安全性。数据库中各个应用程序所使用的数据由数据库系统统一规定,按照一定的数据模型组织和建立,由系统统一管理和集中控制。(5)增加了系统的灵活性。

32.【答案】D。解析:云存储是一个以数据存储和管理为核心的云计算系统。

33.【答案】C。解析:磁盘阵列有两种方法可以实现:软件阵列与硬件阵列。软件阵列是指通过网络操作系统自身提供的磁盘管理功能来实现的,硬件阵列是使用专门的磁盘阵列卡来实现的。其中,RAID 0只是单纯地提高性能,并没有为数据的可靠性提供保证,而且其中的一个磁盘失效将影响到所有数据。因此,RAID 0不能应用于数据安全性要求高的场合。故C项错误。

34.【答案】D。解析:人工神经网络的特点和优越性,主要表现在三个方面:第一,具有自学习功能。第二,具有联想存储功能。用人工神经网络的反馈网络就可以实现这种联想。第三,具有高速寻找优化解的能力。

35.【答案】D。解析:Visio形状是指您拖至绘图页上的现成图像,它们是图表的构建基块。不叫模块,故错误。

36.【答案】D。解析:IPv6中IP地址的长度为128位二进制。IPv6的地址长度是IPv4地址长度的4倍。于是IPv4点分十进制格式不再适用,采用冒分十六进制表示。

37.【答案】A。解析:信息系统按照功能层次分类为:

事务处理系统(TPS):主要应用在企业的运营层,为运营操作和运营管理人员服务。

办公自动化系统(OAS):主要应用在知识层,为数据工作者提高办公效率。

知识工作系统(KWS):主要应用在知识层,为知识工作者提供服务。

管理信息系统(MIS):主要应用在管理层,为中层管理人员提供对职能的综合管理服务。

决策支持系统(DSS):主要应用在管理层,为各个层次的管理活动提供决策支持报务。

主管支持系统(EMS):主要应用在战略层,为高层主管提供非结构化的战略决策支持。

所以A项正确。

示光标快速移动到文档开头,Ctrl+End 是将光标移动到文档的末尾。

70.【答案】D。解析:字号、文字颜色、下划线都属于字体属性,而首行缩进是段落属性。

71.【答案】B。

72.【答案】B。解析:GIF 文件格式的数字图像具有动画效果。

73.【答案】B。解析:控制器是计算机的神经中枢,它用以控制和协调计算机各部件自动连续地执行各条命令。

74.【答案】C。解析:一个汉字需要两个字节。

75.【答案】B。解析:城域网(Metropolitan Area Network)是在一个城市范围内所建立的计算机通信网,简称 MAN。

76.【答案】D。解析:Windows 系统中一般以 Ctrl+Shift 组合切换输入法。

77.【答案】C。

78.【答案】A。

79.【答案】D。解析:通信三要素包括:信源、信宿、信道,不包括电信。

80.【答案】B。解析:先把 C9 写成二进制形式是 11001001,在首位补个 0 正好是八进制的 311。

81.【答案】C。解析:存储器单元内容是储存器单元里面储存的二进制数据,如 0100011。存储器单元地址是由十六进制数指向存储器某个特定的单元,如 0FFE2A。一个是实实在在的数据,一个是指向该数据的地址。所以可以是数据或者指令。

82.【答案】C。解析:算术逻辑单元的全称是 Arithmetic Logic Unit,是处理器中的一个功能模块,用来执行诸如加减乘除以及寄存器中的值之间的逻辑运算。

83.【答案】A。解析:正在编辑的 Word 文件存在 RAM 当中,因 RAM 的特点是断电后将丢失其存储内容。

84.【答案】A。

85.【答案】B。解析:光纤用在通信技术里面需要光缆线路,利用光导纤维进行通信。所以不属于无线通信。

86.【答案】B。解析:常见的多路复用技术包括频分多路复用(FDM)、时分多路复用(TDM)、波分多路复用(WDM)和码分多路复用(CDMA),其中时分多路复用又包括同步时分复用和统计时分复用。

87.【答案】D。解析:计算机局域网的特点是为一个单位所拥有,地理范围有限,使用铺设的传输介质进行连网,数据传输速率高(10Mbps~1Gbps),延迟时间短,可靠性高,误码率低。

专项二 多项选择题

1.【答案】BC。

2.【答案】AD。

3.【答案】ABCD。解析:光纤通信有很多优点:它传输频带宽、通信容量大;传输损耗低、中继距离长;线径细、重量轻,原料为石英,节省金属材料,有利于资源合理使用;绝缘、抗电磁干扰性能强;还具有抗腐蚀能力强、抗辐射能力强、可绕性好、无电火花、泄露小、保密性强等优点,可在特殊环境或军事上使用。

4.【答案】ABD。**解析**:数字集成电路是将元器件和连线集成于同一半导体芯片上而制成的数字逻辑电路或系统。A、B、D 均是数字集成电路,C 是模拟集成电路,故 A、B、D 为本题正确选项。

5.【答案】BC。**解析**:巨型机主机由高速运算部件和大容量快速主存储器构成。由于巨型机加工数据的吞吐量很大,只有主存是不够的,一般有半导体快速扩充存储器和海量(磁盘)存储子系统来支持。网络方式可大大提高巨型机的利用率。大型机使用专用的处理器指令集、操作系统和应用软件。大型机一词,最初是指装在非常大的带框铁盒子里的大型计算机系统,以用来同小一些的迷你机和微型机有所区别。巨型机与大型机的区别体现在巨型机运算速度比大型机快,巨型机中包含的 CPU 数量比大型机多,并不体现在体积大小,故本题正确选项为 B、C。

6.【答案】BC。**解析**:高速缓冲存储器(cache),比主存储器体积小但速度快,用于保存从主存储器得到指令的副本的专用缓冲器。高速缓冲存储器是存在于主存与 CPU 之间的一级存储器,由静态存储芯片(SRAM)组成,容量比较小但速度比主存高得多,接近于 CPU 的速度,并且其容量的大小影响计算机运行速度。

7.【答案】BCD。**解析**:对图像显示质量有影响的参数有显示分辨率、可显示颜色数目、刷新速率。

8.【答案】ACD。**解析**:针式打印机是用机械冲击的原理用打印针打击色带而将文字或图案留在纸上的,受限于工作方式,一来声音会较大,二来精细度受到针大小的限制不会很细腻,所以一般用来打印文档,但是也是由于这个工作原理,它是目前唯一能打印一式多联单的打印机。一般为单色,也有多色带的机型,不过很少。

喷墨打印机用控制墨水喷出的方式来实现文字或图片输出的,墨水成为这种打印机用得最多的耗材,随着技术的进步,墨滴可以做得更细,墨水可以做得色彩更好,保存时间更长,所以一般用来打相片,但是用机械方式运行墨盒,所以打印速度很难提高。

激光打印机用扫描的方式使打印机内硒鼓相应部分带电沾上墨粉后压到纸上,纸经高温后墨水融化并凝固成文字或图案,由于它是转一次成一页,所以速度最快,黑白的打印效果也是最好的,常用于文档打印。现在也有彩色的激光打印机,但是体积较大,价格较贵,色彩也不如喷墨的,而且不能放入专用的相片打印纸,不过即使能放入,也不会有喷墨的效果好。

9.【答案】BCD。**解析**:清除单元格只是抹去某单元格或区域的内容,而保留单元格本身;删除单元格是删除了单元格本身。但删除和清除单元格之后都可以撤销。

10.【答案】AB。**解析**:多媒体数据压缩编码技术是多媒体技术中最为关键的技术。通常把包括压缩与解压缩内容的技术统称为数据压缩技术。

11.【答案】ABCD。**解析**:PowerPoint 的一大特点就是可以使演示文稿的所有的幻灯片具有一致的外观。控制幻灯片外观的方法有四种:幻灯片版式、母版、配色方案和应用设计模版。

12.【答案】AC。**解析**:与网络上的数字型 IP 地址相对应的字符型地址被称为域名。域名也是由若干部分组成,包括数字和字母。域名的长度不是固定不变的,有长有短,但域名是唯一的。

13.【答案】ABC。**解析**:转换成十进制,A 是十六进制的 15,B 为十进制的 15,C 为八进制的 15,D 为二进制的 14。

14.【答案】BCD。**解析**:一个汉字用两个字节的空间,A 错误,其他均正确。

C.阿贝尔特运河　　D.京杭大运河

17.在中国古代传统思想、文化和生活中,(　　)与二进制算数极为相似。

A.九章算术　　B.五行学说

C.测海圆镜　　D.周易八卦

18."厄尔尼诺"的显著特征是指(　　)。

A.地球南北极地区的气候出现异常的增温

B.赤道太平洋区域出现异常的炎热或异常寒冷的气候

C.地球海洋区域的海水水位明显上涨

D.赤道太平洋东部和中部海域海水出现异常的增温

19.长江发源于青藏高原的(　　)。

A.昆仑山脉　　B.冈底斯山脉

C.喜马拉雅山脉　　D.唐古拉山脉

20.德国、意大利、印度和新加坡属于议会制国家,行使行政期权的是(　　)。

A.总统　　B.主席

C.执政官　　D.总理或者首相

21.中国历史上最早的诗歌总集是(　　)。

A.《新乐府》　　B.《白氏长庆集》

C.《李太白文集》　　D.《诗经》

22.塞万提斯是文艺复兴时期西班牙享有世界声誉的现实主义作家,其最著名的作品是(　　)。

A.《神曲》　　B.《威尼斯商人》

C.《浮士德》　　D.《堂吉诃德》

23.秦王嬴政在执政之初即开始谋划翦灭六国的战争,他按照(　　)的策略,用持续十六年之久的战争先后灭掉六国。

A.远交近攻　　B.尊王攘夷

C.通商宽衣　　D.合纵连横

24.骨瓷是在黏土中加入牛、羊等动物的骨灰,然后烧制而成的瓷种,是由(　　)发明的。

A.中国　　B.法国

C.日本　　D.英国

25."贞观之治"指的是中国历史上由(　　)执政的朝代。

A.隋炀帝杨广　　B.唐高宗李治

C.唐玄宗李隆基　　D.唐太宗李世民

26.干冰的成分是(　　)。

A.氮　　B.二氧化氮

C.二氧化碳　　D.水

27.安全电压,是指不致使人直接致死或致残的电压,一般环境条件下允许持续接触的"安全特低电压"是(　　)。

A.36V　　B.50V　　C.75V　　D.10V

28.中国最大的淡水湖是(　　)。

A.青海湖　　B.太湖

C.洞庭湖　　D.鄱阳湖

29.中国第一箭,长征一号火箭于(　　),将中国第一颗人造地球卫星——东方红一号成功送入太空。

A.1977 年 4 月 14 日　　B.1968 年 2 月 20 日

C.1987 年 3 月 20 日　　D.1970 年 4 月 24 日

30.(　　)被人们称为“天路”。

A.青藏铁路　　B.滇藏铁路

C.西藏铁路　　D.川藏铁路

31.阿拉伯数字,是现今国际通用数字,最初由(　　)发明。

A.希腊人　　B.中国人

C.印度人　　D.阿拉伯人

32.“四书五经”是我国古代科举考试的内容,下列著作中属于“五经”的是(　　)。

A.《春秋》　　B.《大学》

C.《孟子》　　D.《论语》

33.奥林匹克运动会发源于(　　)。

A.古埃及　　B.古罗马

C.古巴比伦　　D.古希腊

34.被誉为“诗圣”的是(　　)。

A.李贺　　B.白居易

C.杜甫　　D.李白

35.在中国军事构筑史上,享有“天下第一关”誉称的关键是(　　)。

A.山海关　　B.居庸关

C.函谷关　　D.嘉峪关

36.中国旅游图标中的“马踏飞燕”文物出土于(　　)。

A.陕西临潼　　B.湖南长沙

C.甘肃武威　　D.河北邯郸

37.世界迄今仍在使用的最古老水利工程是(　　)。

A.都江堰　　B.京杭大运河

C.永济渠　　D.郑白渠

38.生活中,家庭经常用小苏打当发酵粉做馒头,小苏打的化学名称是(　　)。

A.氢氧化钙　　B.碳酸氢钠

C.碳酸钠　　D.氢氧化钠

39.下面不属于国家一级保护动物的是(　　)。

A.大熊猫　　B.小熊猫

C.东北虎　　D.亚洲象

63.(　　) 是用几百或者几千块小透镜整齐排列组合而成的，用它做镜头可以制成“照相机”,一次就能照出千百张相同的相片。

A.“蝇眼透镜”　　B.“蜂眼透镜”

C.“蛙眼透镜”　　D.“鹰眼透镜”

64.地壳中含有大量的化学元素,化学元素形成了矿物,矿物组成了岩石。在地壳中已经发现的 90 多种化学元素中,含量居前两位的元素是(　　)。

A.氧、硅　　B.硅、铝　　C.铝、钠　　D.铁、镁

65.声音的高低由(　　)决定。

A.发声体的振幅　　B.发声体的材料

C.发声体振动的频率　　D.发声体的结构

66.消化系统是保证人体新陈代谢正常进行的一个重要系统,是由消化管和消化腺两大部分组成,下列器官或腺体不属于消化系统的是(　　)。

A.食管　　B.肾脏　　C.胰腺　　D.盲肠

67.家里的白炽灯用久了会发黑,是因为(　　)。

A.灰尘　　B.钨蒸气凝华

C.钨丝烧断　　D.灯泡变旧

68.我们知道,法国国旗是由蓝、白、红三条纵向的色带组成的。实际测量可以发现,三条色带中蓝色带最宽,白色带最窄,红色带宽度居中。出现这种现象的原因是(　　)。

A.国旗上的三色代表法国的三大区域,色带宽度和区域面积相对应

B.三种颜色给人造成的主观体验不同,为了让三条色带看上去等宽,所以实际宽度不能相同

C.国旗来源于当地某古老部族的旗帜,为什么设计成这样,已经无法考证

D.国旗上三色代表建国时三大党派,色带宽度和当时的党派力量对比有关

69.夜晚看星星,会感觉星星一闪一闪的,这是因为(　　)。

A.星星本身的光度出现变化　　B.星星所在的距离产生变化

C.大气遮挡透明度是变化的　　D.宇宙中的遮挡物变化所致

70.以下实例中,利用“移开可燃物”原理灭火的是(　　)。

A.实验时酒精不慎洒出并燃烧,用湿抹布盖灭

B.高楼失火,用高压水枪向着火处喷水灭火

C.森林火灾时,用炸弹轰炸灭火

D.森林火灾时,将火焰蔓延线路前的小片树林砍掉

71.下列形容天气的语句是(　　)。

A.夜来风雨声,花落知多少

B.四季无寒暑,一雨便成秋

C.人间四月芳菲尽,山寺桃花始盛开

D.五原春色归来迟,二月垂柳未挂丝

72.夏天,打开冰箱冷冻室的门,常常看到冷冻室中冒出一股白雾,这是(　　)。

A.冰箱里原有的水蒸气凝结成小水滴

B.冰箱里的冰升华后又凝结成小水滴

C.冰箱里的水变成水蒸气

D.冰箱外部空气中的水蒸气遇冷凝结成小水滴

73.下列事件不符合科学依据的是(　　)。

A.梅雨季节,某地一棵老柳树突然起火,经查起火原因为该树内部被虫蛀空,导致自燃

B.某加油站发生爆炸,伤亡惨重,爆炸原因为该站工人身着涤纶的衣物

C.某小区一老汉因拉亮电灯,寻找煤气漏气处而引发大火,并引起爆炸

D.一工人疏通煤气管道时,充入氩气引起火灾并发生爆炸

74.在北方,人们常用地窖来储存粮食和蔬菜,人们在进入地窖之前,要将地窖的通风口打开一段时间,这么做,最主要是因为(　　)。

A.地窖内太冷了　　　　B.地窖里有大量的二氧化氮

C.地窖里有大量的二氧化碳　　　　D.地窖里有大量的氧气

75.夏天从冰箱里取出一瓶啤酒,发现啤酒外面"出汗",对这种现象正确的解释是(　　)。

A.酒从瓶中渗出　　　　B.空气中水蒸气汽化

C.啤酒瓶上的水汽化　　　　D.空气中水蒸气遇冷液化

76.在冬季,人们往往容易鼻子出血,因而常常在房间的地上洒一些水,或在室内放一盆清水、挂一些湿毛巾等。对以上做法最合理的解释是(　　)。

A.北方天气冬季寒冷,室内有暖气,人们觉得热得受不了

B.医学研究证明,冬季室内空气干燥,容易造成鼻腔血管壁的破裂

C.富有的人家中有加湿器,不用在室内挂湿毛巾、洒水或放置水盆

D.有些人患有特殊疾病,需要室内加湿,以预防疾病复发

77.宇宙中最基本的天体是(　　)。

A.地球和月球　　　　B.太阳和月球

C.星云和恒星　　　　D.恒星和行星

78.太阳大气层中的色球层的重要标志是(　　)。

A.太阳黑子　　　　B.耀斑

C.光斑　　　　D.太阳风

79.太阳系的小行星带分布在(　　)。

A.水星和金星轨道之间　　　　B.金星和火星轨道之间

C.火星和木星轨道之间　　　　D.木星和土星轨道之间

80.卫星最多的行星是(　　)。

A.火星　　　　B.天王星

C.木星　　　　D.土星

81.干燥的冷空气和富含水蒸气的暖空气相遇,发生大规模碰撞时形成的极端天气现象是(　　)。

A.热带风暴　　　　B.台风

C.飓风　　　　D.龙卷风

C.扎啤是没有经过发酵的啤酒

D.强化复合地板耐磨性好,但防水性能差

100.大雁在飞翔时的队形,有时是“一”字形,有时是“人”字形。影响它们飞翔时队形变化的主要因素是(　　)。

A.大雁数量　　B.飞行方向

C.地磁线角度　　D.风向的变化

101.流星发光是因为(　　)。

A.反射阳光　　B.摩擦碰撞　　C.自身发光　　D.月光反射

102.一般情况下,男人比女人长得要高一些,这是因为(　　)。

A.雄性激素对骨骼生长有促进作用

B.雄性激素对抑制骨骼生长的作用较小

C.男性能较好地利用食物中的蛋白质来使骨骼生长

D.男孩从小就比女孩运动量大,因而长大后长得高

103.以下关于生活常识,说法不正确的是(　　)。

A.石英钟的电池耗尽停止走动时,其秒针往往停在刻度盘上“9”的位置

B.电炉“燃烧”是电能转化为内能,不需要氧气

C.鸽子可以检验测定地球磁力场

D.冬天室外的铁器和木材温度并不一样,因此触摸的话会感到冷热不一样

104.熬骨头汤时,为提高骨头中钙质的溶解度,可加入少量(　　)。

A.盐　　B.酱油　　C.醋　　D.料酒

105.春游时,全班准备照集体相,站队后发现两侧均有人在画面外,为使每个人都能进入画面,下列做法合理的是(　　)。

A.使照相机镜头离人远些,同时使镜头到底片的距离减小些

B.使照相机镜头离人远些,同时使镜头到底片的距离增大些

C.使照相机镜头离人近些,同时使镜头到底片的距离增大些

D.使照相机镜头离人近些,同时使镜头到底片的距离减小些

106.下列有关生活常识的说法中,正确的是(　　)。

A.用完后的废电池应该集中回收处理

B.天然果汁中不含任何化学物质

C.“绿色食品”是指颜色为绿色的食品

D.“白色污染”是指白色粉尘造成的污染

107.京剧作为我国著名剧种,它和中医、国画并称为中国三大国粹,下列关于京剧的表述正确的是(　　)。

A.人们习惯上称戏班、剧团为“杏园”

B.京剧当中的“净”指女性角色

C.“梅派”唱腔创始人是京剧艺术大师梅兰芳先生

D.《梁山伯与祝英台》是京剧经典曲目之一

108.在几千年人类文明发展过程中，亚非美欧都留下许多宝贵的文学艺术和建筑遗产，下列属同一大洲的是(　　)。

A.最后的晚餐　雕塑“思想者”　雕塑“大卫”

B.胡夫金字塔　狮身人面像　帕特农神庙

C.百年孤独　老人与海　海底两万里

D.飞鸟集　高老头　源氏物语

109.北宋初期是我国书院教育的高潮期，出现了著名的(　　)书院、白鹿洞书院、嵩阳书院、应天书院，合称为“宋初四大书院”。

A.丽泽　　B.岳麓

C.石鼓　　D.茅山

110.下列对于古代称谓说法错误的是(　　)。

A.阁下是对长辈的尊称

B.足下是下级对上级或同辈之间相互尊敬的称呼

C.内子用于丈夫对别人称自己的妻子

D.“舍”用以谦称自己的家或自己的卑幼亲属

111.下列叙述正确的是(　　)。

A.所有地图的方向判别的方法都是“上北下南，左西右东”

B.我国湖南长沙马王堆三号汉墓出土的绘制在丝织品上的彩色地图，是我国最早的地图

C.在地图上，山地的标高为相对高度

D.地图种类很多，一般分为自然地图和社会经济地图

112.曹操的“何以解忧，唯有杜康”诗句中的“杜康”，是指(　　)。

A.益友　　B.胜景

C.美酒　　D.民歌

113.我国古代有五行之说，指的是(　　)。

A.青、黄、赤、白、黑　　B.仁、义、礼、智、信

C.金、木、水、火、土　　D.宫、商、角、徵、羽

114.中国四大名楼中不是位于长江以南的是(　　)。

A.岳阳楼　　B.鹳雀楼

C.滕王阁　　D.黄鹤楼

115.古代“六艺”(礼、乐、射、御、书、数)中的“御”是指(　　)。

A.骑马　　B.杂技

C.驾车　　D.防御

116.两千多年来，儒家思想之所以能够长盛不衰，主要是因为(　　)。

A.中国崇尚以德治国，儒家思想受统治阶级重视

B.中国是礼仪之邦，儒教思想集礼教之大成

C.儒家思想本身具有兼容和发展的特性

D.其他思想对儒家思想不构成威胁

133.茅盾《子夜》中描写的是哪个城市的生活画卷？(　　)

A.无锡　　B.杭州　　C.上海　　D.南京

134.下列不属于儒家经典著作的是(　　)。

A.《论语》　　B.《荀子》　　C.《老子》　　D.《大学》

135.我国古代田园诗派的创始者是(　　)。

A.屈原　　B.李白　　C.王维　　D.陶渊明

136.我国唐代有“诗仙”李白、“诗圣”杜甫,人称“李杜”。人称“小李杜”的两位诗人分别是(　　)。

A.李商隐、杜牧　　B.李清照、杜甫

C.李鸿章、杜娟　　D.李世民、杜如晦

137.《边城》是哪位作家的代表作？(　　)

A.钱钟书　　B.沈从文

C.萧军　　D.废名

138.“子虚乌有”一词出自以下哪部作品？(　　)

A.司马相如《上林赋》　　B.张衡《东京赋》

C.左思《三都赋》　　D.司马相如《子虚赋》

139.下列文学常识说法正确的一项是(　　)。

A.中国当代先锋派代表作家有洪峰、马原、苏童、格非等,其中格非的代表作有《褐色鸟群》《迷舟》等

B.以短篇小说闻名全球,入选美国《时代周刊》世界100名最有影响力的人物——瑞典女作家门罗,于2013年获诺贝尔文学奖

C.阿城,原名钟阿城,代表作“三王”分别为《棋王》《树王》《孩子王》,而王安忆的“三恋”分别为《小城之恋》《大地之恋》《锦绣谷之恋》

D.方苞、姚鼐是桐城派代表人物,而”三袁”(袁宗道、袁宏道、袁中道)属于唐宋派

140.下列关于中共七大的说法中,正确的是(　　)。

A.总结了中国共产党在领导中国民主革命的23年曲折发展的历史经验

B.党的七大制定了“放手发动群众,壮大人民力量,建立一个社会主义中国”的政治路线

C.确立了邓小平理论在全党的指导地位

D.选举产生了以毛泽东为核心的中央领导集团

141.1947年7月至9月,在刘少奇主持下,中共中央工作委员会在河北平山县西柏坡召开全国土地会议,制定了(　　)。

A.《中国土地法草案》　　B.《中国土地法》

C.《中国土地法大纲》　　D.《革命根据地土地改革法大纲》

142.下列关于中共七届二中全会的说法中,正确的是(　　)。

A.党的七届二中全会在延安举行

B.会议批准毛泽东关于以六项条件作为与南京政府进行和平谈判的基础的声明

C.会议强调城市工作的中心任务是发展工业

D.会议总结了解放战争的经验

143.关于新民主主义革命胜利的基本经验,下列表述错误的是(　　)。

A.中国人民革命的发生和发展,有深刻的社会根源和雄厚的群众基础

B.马克思主义是中国革命取得胜利的根本保证

C.中国共产党的领导地位是历史的选择

D.中国人民革命的胜利是中国化马克思主义的胜利

144.1954 年 9 月 15 日至 28 日,中华人民共和国(　　)全国人民代表大会第一次会议在北京举行。

A.第一届　　B.第二届　　C.第三届　　D.第四届

145.新文化运动产生的基本条件不包括(　　)。

A.俄国十月社会主义革命的影响　　B.北洋军阀掀起复古倒退的思潮

C.资产阶级强烈要求政治上民主　　D.西方启蒙思想不断介绍到中国

146."八荣八耻"中提出"以崇尚科学为荣,以愚昧无知为耻",下列哪一历史事件中也曾提出过类似思想主张?(　　)

A.洋务运动　　B.维新变法运动

C.辛亥革命　　D.新文化运动

147.第一次国共合作正式形成的标志是(　　)。

A.中共二大召开　　B.中共三大召开

C.国民党一大召开　　D.国民党二大召开

148.按照北伐战争的既定方针,北伐军进攻下列军阀的先后次序为(　　)。

A.吴佩孚——孙传芳——张作霖　　B.孙传芳——吴佩孚——张作霖

C.张作霖——吴佩孚——孙传芳　　D.吴佩孚——张作霖——孙传芳

149.北伐战争中在湖北和湖南战场上消灭的是(　　)的主力。

A.张作霖　　B.吴佩孚　　C.孙传芳　　D.袁世凯

专项二 | 多项选择题

1.人脸识别技术是指利用分析比较的计算机技术识别人脸。人脸识别是一项热门的计算机技术研究领域,其中包括人脸追踪侦测,自动调整影像放大,夜间红外侦测,自动调整曝光强度等技术。以下哪些选项使用了人脸识别技术?(　　)

A.武汉火车站"刷脸进站"系统　　B.支付宝"刷脸支付"

C.虹膜识别门禁　　D.iPhone X 的 Face ID 功能

2.下列哪些属于天文学的长度单位?(　　)

A.秒差距　　B.兆米

C.英里　　D.光年

B.躲避龙卷风最安全的地方是楼顶

C.发现有泥石流迹象,要向沟谷两侧山坡或高地跑

D.火灾逃生时,为防浓烟呛人,可用打湿的毛巾蒙鼻

20.下列关于自然常识的描述,正确的有(　　)。

A.光在空气中的传播速度比声音快

B.月亮环绕地球一周的周期是 24 小时

C.太阳系中,离太阳最近的行星是金星

D.季风的产生是由于大陆及邻近海洋间存在温度差异

21.物理原理在日常生活中被广泛运用,给人们带来很大的便利,例如杠杆原理。下列工具运用了杠杆原理的有(　　)。

A.筷子　　B.扳手　　C.撬棍　　D.指甲刀

22.下列选项中,有关科技词汇与出处对应关系正确的是(　　)。

A.蓝牙——人物名称　　B.二维码——最早应用于军事领域

C.二进制——冯·诺依曼　　D.电磁感应——法拉第

23.现代生物技术中有关“克隆”的说法正确的是(　　)。

A.通过体细胞进行的　　B.与原个体有完全相同的基因组织

C.无性繁殖　　D.通过生殖细胞进行的

24.下列说法正确的是(　　)。

A.生物代系中的遗传和变异是同时存在的

B.“光年”是天文学中一个常用的时间单位

C.纳米粉末和纳米纤维都属于纳米材料

D.达尔文的生物进化理论以自然选择为基础

25.下列关于碳水化合物的说法,不正确的是(　　)。

A.蛋白质是碳水化合物中的一种

B.碳水化合物中氢和氧的比例一般为 1:1

C.碳水化合物的主要生理功能包括储存和提供热能

D.碳水化合物是自然界存在最多、分布最广的无机化合物

26.下列关于物理常识的说法,不正确的是(　　)。

A.绝缘体是指完全不导电的物体

B.水银温度计是根据液体的热胀冷缩原理制成的

C.使用天平时可以把化学药品直接放到托盘上

D.海水对海面船只浮力的方向随着波浪的起伏而变化

27.下列关于中国航天技术的说法,正确的是(　　)。

A.我国的运载火箭均属于“长征”系列

B.中国现在已建成的航天器发射场有酒泉、西昌、西宁三处

C.中国于 1970 年成功发射了第一颗人造地球卫星“东方红一号”

D.“嫦娥工程”是中国启动的第一个探月工程

28.下列属于五经的有(　　)。

A.《诗经》　　B.《战国策》　　C.《孟子》　　D.《尚书》

29.古典主义音乐指的是1730~1820年这一段时间的欧洲主流音乐。其杰出代表包括(　　)。

A.海顿　　B.莫扎特

C.贝多芬　　D.柴可夫斯基

30.下列哪些作品是安徒生童话?(　　)

A.《海的女儿》　　B.《小红帽》

C.《丑小鸭》　　D.《皇帝的新装》

31.下列哪些作品是高尔基自传体三部曲?(　　)

A.《童年》　　B.《少年》

C.《在人间》　　D.《我的大学》

32.莎士比亚,文艺复兴时期伟大的剧作家和诗人,其主要作品有(　　)。

A.《哈姆雷特》　　B.《奥赛罗》

C.《罗密欧与朱丽叶》　　D.《唐璜》

33.下列选项中,(　　)属于李大钊同志的著作。

A.《法俄革命之比较观》　　B.《庶民的胜利》

C.《布尔什维主义的胜利》　　D.《我的马克思主义观》

34.1922年7月16日至23日,中国共产党第二次全国代表大会在上海举行。大会指出,现阶段的最低纲领是(　　)。

A.打倒军阀　　B.推翻国际帝国主义的压迫

C.统一中国为真正的民主共和国　　D.实现社会主义,共产主义

35.国民党第一次全国代表大会通过宣言,其中民生主义的原则为(　　)。

A.平均地权　　B.一切平民所共有

C.节制资本　　D.反对帝国主义

36.国民革命的历史功绩是(　　)。

A.沉重地打击了封建军阀在中国的统治

B.锻炼了中国共产党和革命人民群众

C.扩大了中国共产党的影响

D.提高了中国人民的觉悟

37.下列不属于红军游击战争的十六字诀的是(　　)。

A.敌退我追　　B.诱敌深入

C.敌驻我扰　　D.各个击破

38.下列诗句,均出自白居易《琵琶行》的有(　　)。

A.几处早莺争暖树,谁家新燕啄春泥

B.同是天涯沦落人,相逢何必曾相识

C.日出江花红胜火,春来江水绿如蓝

D.别有幽愁暗恨生,此时无声胜有声

界以海生无脊椎动物和海生藻类为主。无脊椎动物中以节肢动物门中的三叶虫纲最为重要，其次为腕足动物。因寒武纪岩石中保存有比其他类群丰富的矿化三叶虫硬壳，故寒武纪又称为“三叶虫时代”。

14.【答案】D。解析：唐招提寺位于日本奈良市西京五条。

15.【答案】D。解析：物体运行速度接近音速时，会有一股强大的阻力，使物体产生强烈的振荡，速度衰减。这一现象被俗称为音障。“音爆”是物体在空气中的相对运动速度向上突破达到1马赫临界点时就会出现。通常情况下，多为飞行器在超音速飞行时产生的强压力波，传到地面上形成如同雷鸣的爆炸声。

16.【答案】D。解析：京杭大运河全长1 794千米，是世界上最长的一条人工运河，是苏伊士运河的16倍，巴拿马运河的33倍，纵贯南北，是我国重要的一条南北水上干线。

17.【答案】D。解析：《易经》将八卦中的阴爻和阳爻分别换成0和1，那么易图中排列的六十四卦与二进制中0到63这六十四个数字的计法完全一致。在这幅图的启发下，莱布尼茨提出了二进制的设想。

18.【答案】D。解析：“厄尔尼诺”一词源自西班牙文，原意是“小男孩”，也指圣婴，即耶稣，主要指太平洋东部和中部的热带海洋的海水温度异常地持续变暖，使整个世界气候模式发生变化，造成一些地区干旱而另一些地区又降雨量过多。

19.【答案】D。解析：长江发源于“世界屋脊”青藏高原的唐古拉山脉各拉丹冬峰。

20.【答案】D。解析：议会制下的行政中枢为政府的内阁，由政府首脑（一般称为总理或首相）领导。

21.【答案】D。解析：《诗经》是我国第一部诗歌总集，共305篇。

22.【答案】D。解析：塞万提斯代表作《堂吉诃德》，悲剧《奴曼西亚》，田园牧歌体小说《伽拉苔亚》《惩恶扬善故事集》《警世典范小说集》，剧本《阿尔及尔风习》。

23.【答案】A。解析：秦王嬴政用的是远交近攻的方式统一六国。

24.【答案】D。解析：骨瓷是于1794年由英国人发明的。因在其黏土中加入牛、羊等食草动物骨灰（以牛骨粉为佳）而得名。骨瓷色泽呈天然骨粉独有的自然奶白色。

25.【答案】D。解析：“贞观之治”指的是唐代宗李世民执政的朝代。

26.【答案】C。解析：干冰的成分是二氧化碳。

27.【答案】A。解析：安全电压，是指不致使人直接致死或致残的电压。一般环境条件下允许持续接触的“安全特低电压”是36V。

28.【答案】D。解析：鄱阳湖是中国第一大淡水湖，也是中国第二大湖，仅次于青海湖，位于江西省北部、长江南岸。

29.【答案】D。解析：1970年4月24日，中国第一颗人造地球卫星“东方红一号”发射成功。

30.【答案】A。解析：青藏铁路起于青海省西宁市，途经格尔木市、昆仑山口、沱沱河沿，翻越唐古拉山口，进入西藏自治区安多、那曲、当雄、羊八井、拉萨。全长1 956千米，是重要的进藏路线，被誉为“天路”，是世界上海拔最高、在冻土上路程最长的高原铁路。

31.【答案】C。解析：阿拉伯数字是现今国际上通用的一种数字符号。最初由印度人发明，后由阿拉伯人传向欧洲，之后再经欧洲人将其现代化。正因阿拉伯人的传播，成为该种数字最终被国际通用的关键节点，所以人们称其为“阿拉伯数字”。

32.【答案】A。**解析**：四书是指《大学》《中庸》《论语》和《孟子》；五经是指《诗经》《尚书》《礼记》《周易》《春秋》。

33.【答案】D。**解析**：奥林匹克运动会发源于两千多年前的古希腊，因举办地在奥林匹亚而得名。古代奥林匹克运动会停办了1500年之后，法国人顾拜旦于19世纪末提出举办现代奥林匹克运动会的倡议。1894年成立，1896年举办了首届奥运会，1960年举办了首届残奥会，2010年举办了首届青年奥林匹克运动会。

34.【答案】C。**解析**：唐朝著名现实主义诗人杜甫被后人称为“诗圣”，他的诗被称为“诗史”。与李白合称“李杜”。

35.【答案】A。**解析**：“天下第一关”，即山海关，又称“榆关”，以古渝水而得名，位于潼关城东约1 500米处。北临黄河天险，南依牛头山源，用砖砌筑高墙，是古潼关门户。

36.【答案】C。**解析**：马踏飞燕，又名马超龙雀、铜奔马，为东汉灵帝时期青铜器，1969年出土于甘肃武威一座张姓将军墓，现收藏于甘肃省博物馆。

37.【答案】A。**解析**：都江堰坐落在成都平原西部的岷江上，是公元前250年蜀郡太守李冰父子在前人鳖灵开凿的基础上组织修建的大型水利工程，两千多年来一直发挥着防洪灌溉的作用，使成都平原成为水旱从人、沃野千里的“天府之国”。是全世界迄今为止，年代最久、唯一留存、仍在一直使用，以无坝引水为特征的宏大水利工程。

38.【答案】B。**解析**：碳酸氢钠($NaHCO_3$)，俗称小苏打。

39.【答案】B。**解析**：小熊猫属于国家二级保护动物。

40.【答案】A。**解析**：臭氧主要存在于距地球表面20千米的同温层下部的臭氧层中，含量约50ppm。它吸收对人体有害的短波紫外线，防止其到达地球，以屏蔽地球表面生物，不受紫外线侵害。

41.【答案】C。**解析**：有氧运动是指人体在氧气充分供应的情况下进行的体育锻炼。主要包括游泳、慢跑、步行。排除ABD。举重要求在几秒钟内快速地举起极限重量，运动强度极高，需要瞬间爆发用力，所以举重是无氧运动。

42.【答案】D。**解析**：巴拿马运河位于中美洲国家巴拿马，横穿巴拿马地峡，连接太平洋和大西洋，是重要的航运要道，被誉为世界七大工程奇迹之一的“世界桥梁”。

43.【答案】D。**解析**：《道路交通安全法实施条例》第七十二条规定，在道路上驾驶自行车、三轮车、电动自行车、残疾人机动轮椅车应当遵守下列规定：

(1)驾驶自行车、三轮车必须年满12周岁。

(2)驾驶电动自行车和残疾人机动轮椅车必须年满16周岁。

(3)不得醉酒驾驶。

(4)转弯前应当减速慢行，伸手示意，不得突然猛拐，超越前车时不得妨碍被超越的车辆行驶。

(5)不得牵引、攀扶车辆或者被其他车辆牵引，不得双手离把或者手中持物。

(6)不得扶身并行、互相追逐或者曲折竞驶。

(7)不得在道路上骑独轮自行车或者2人以上骑行的自行车。

74.【答案】C。解析:植物在有光照的情况下会发生光合作用,消耗二氧化碳,产生氧气;但是在没有光照的情况下,会发生呼吸作用,消耗氧气,产生二氧化碳。由于地窖是一个相对比较密闭的环境,空气不流通,消耗的氧气无法得到补充,所以二氧化碳的比重会越来越大。二氧化碳浓度过大,会使人发生窒息而晕倒。可以在下去之前,放下去一个燃烧的蜡烛,如果火灭了,就不可下去,通风后才可下去。

75.【答案】D。解析:空气中有大量水蒸气,由于取出的物体温度较低,水蒸气遇冷凝结成小水珠,附在啤酒瓶上。

76.【答案】B。解析:冬季气候干燥,干燥天气加速了人体的水分流失,人们经常会感到鼻腔干燥,引起鼻出血,在室内放清水和湿毛巾,可增加室内空气湿度。

77.【答案】C。解析:天体是宇宙间物质存在的形式,包括恒星、星云、行星、小行星、卫星、彗星、流星体、行星际物质、星际物质等,其中最基本的天体是恒星和星云。

78.【答案】B。解析:太阳耀斑是一种最剧烈的太阳活动。一般认为发生在色球层中,所以也叫"色球爆发"。

79.【答案】C。解析:行星带是太阳系内介于火星和木星轨道之间的小行星密集区域。由于这是小行星最密集的区域,估计为数多达 50 万颗,这个区域因此被称为主带,通常称为小行星带。

80.【答案】C。解析:国际天文会(IAU)于 2003 年 5 月 30 日发布的 8138 号通报(IAUC)中,再公布一颗新发现的木星卫星。这颗新卫星暂时编号 S/2003 J21,使 2013 年公布的木星新卫星累计达 21 颗,木星卫星总数亦增加至 61 颗,稳居太阳系行星中卫星数之冠。

81.【答案】D。解析:台风是在大气中绕着自己的中心急速旋转的、同时又向前移动的空气涡旋。气象学上将大气中的涡旋称为气旋,因为台风这种大气中的涡旋产生在热带洋面,所以称为热带气旋。根据热带气旋的强度不同,台风又分别被称为热带低压、热带风暴或飓风。选项 ABC 都是对台风的不同称谓,不符合题意。龙卷风是一种强烈的、小范围的空气涡旋,产生于强烈不稳定的积雨云中。它的形成与暖湿空气强烈上升、冷空气南下、地形作用等有关。

82.【答案】B。解析:地球每年自西向东绕太阳公转一周。

83.【答案】D。解析:由于地球绕日公转和黄赤交角的存在,地球在公转时是倾斜着绕太阳旋转的,这使得太阳光的直射以赤道为中心,以南北回归线为界限南北扫动,每年一次,循环不断,从而形成了地球上一年四季,顺序交替的现象。

84.【答案】C。解析:东经 160°和西经 20°的经线是东西半球的分界线。之所以不以 0°经线和 180°经线划分是为了不让一个大陆或国家分到两个半球。

85.【答案】B。解析:东、西十二时区钟点相同,日期差一天,东十二时区区时比西十二时区区时早一天。

86.【答案】B。解析:每年的 6 月 21 日或 22 日,为夏至日。夏至这天,太阳直射地面的位置到达一年的最北端,几乎直射北回归线,北半球的白昼达最长,且越往北越长。是北半球一年中白昼最长的一天。

87.【答案】B。解析:声音在固体、气体、液体三种介质中传播速度为:固体约 5 000 米/秒(不同材质速度不同);液体约 1 500 米/秒(依材质和温度有所不同);气体约 340 米/秒(0℃)。而声音在金属中的传播速度远大于声音在玻璃中的传播速度。

88.【答案】A。**解析**:鸡蛋结构为核心区的蛋黄、外围的蛋清、外面的蛋壳,这是一般人能够看到的,而不为人所知的是蛋壳外面还有一层薄薄的蛋白质膜,这层膜非常薄,颜色透明,以至于肉眼无法分辨,它的作用就是阻碍外界细菌侵入鸡蛋。如果清洗鸡蛋,不仅洗掉了鸡蛋表面的灰尘,也会洗掉鸡蛋的保护膜,导致细菌侵入,鸡蛋坏掉。

89.【答案】D。**解析**:阳光中的紫外线能帮助身体合成维生素D,进而促进身体对钙的吸收。

90.【答案】C。**解析**:人体的骨骼里含有较多的磷化钙。人死后,躯体里的磷由磷酸根状态转化为磷化氢。磷化氢是一种气体物质,燃点很低,在常温下与空气接触便会燃烧,即产生常说的"鬼火"现象。

91.【答案】A。

92.【答案】B。**解析**:在压力状态下,身体会持续地工作与紧张,以提供面对压力所需的注意力与体力,就像人持续运动一般。因此,面对压力时,我们会不自觉地呼吸急促、心跳加快;而长期下来则是会让我们身体劳累过度或大量消耗体力,削弱人体的免疫系统。

93.【答案】D。**解析**:D项自来水中含有大量的化学漂白物质,且含氧量低,所以直接用自来水养金鱼是不行的。

94.【答案】D。**解析**:"火要虚"的目的是增大可燃物与空气的接触面积,使之更充分地燃烧。

95.【答案】A。**解析**:阿基米德系统并严格地证明了杠杆定律,为静力学奠定了基础,A项正确;经典力学的创立者是牛顿,B项错误;"黑洞辐射"学说是爱因斯坦提出的,C项错误;光子说解释了光电效应,万有引力不能解释光电效应,D项错误。

96.【答案】B。

97.【答案】B。**解析**:声波共振会产生比普通振动更大的声音,即便是很微弱的声音。海螺壳其实跟小提琴、吉他的共振箱一样,我们听到的是颅内血液流动的声音与壳内空气共振后的声音。

98.【答案】C。**解析**:运动中脚扭伤肿后,应该进行冰敷。冰的作用是减少通往伤处的血流,使受伤部位的内出血和肿胀情况得到控制,恢复的过程也会加快。如果用热敷,受伤处温度会升高,流到伤处的血液增加,使伤处肿痛加剧。如伤处有小血管破裂,会增加出血量,使血肿吸收困难,延缓恢复过程。

99.【答案】B。**解析**:微波碰到金属制品将发生"短路"和反射现象。如果把食物盛在金属容器里面加热,微波遇到金属容器后会立即全部反射回去,形成电子技术上的"高频短路",这会导致发射微波的电子管阳极产生高温,烧到发红而损坏。A项正确。胡萝卜富含维生素,生吃效果不佳。B项错误。扎啤就是没有经过发酵的啤酒。C项正确。强化复合地板耐磨性好,但是防水性能差,具有不可修复性。D项正确。

100.【答案】D。**解析**:大雁飞翔时,顶风就排成"一"字形,减少后面雁的阻力;如果不是顶风就排成"人"字形,这样最省力气。

101.【答案】B。**解析**:流星自身不会发光,流星体进入大气层以后,由于高速运动,摩擦碰撞生热发光。

102.【答案】B。**解析**:人体的高矮取决于骨骼的发育,人到了青春期以后,随着性激素水平不断增高,骨骼的生长速度不断减慢,最后停止增长。但是雄性激素对骨骼生长的抑制作用较

130.【答案】D。解析：本题主要考查巴黎和会的内容及影响。1919 年的巴黎和会是一次战后分赃会议，战胜国对战败国进行了掠夺性惩罚，激起了战败国的复仇情绪，为后来法西斯国家撕毁条约提供了口实。故 D 正确。

131.【答案】D。解析：《风景谈》是茅盾在抗战时期写的散文名篇，其他三篇散文都是朱自清的作品。

132.【答案】B。解析：沙叶新于 1980 年发表剧本《陈毅市长》，获第一届全国优秀剧本评奖首奖、首届全国少数民族文学创作奖。

133.【答案】C。解析：《子夜》是一部规模宏大的对中国第一大都市上海作全方位描写的文学作品。

134.【答案】C。解析：《论语》《孟子》《大学》《中庸》合称四书，是儒家经典代表作，《荀子》是儒家代表人物荀子所著，《老子》是道家经典著作。

135.【答案】D。解析：陶渊明是我国古代田园诗派的创始人，王维在唐朝将山水田园派发展到新的高度。

136.【答案】A。解析："小李杜"分别指李商隐和杜牧。

137.【答案】B。解析：钱钟书的代表作是《围城》，萧军的代表作是《八月的乡村》，废名的代表作有《竹林的故事》《桥》等，沈从文的代表作是《边城》。

138.【答案】D。解析："子虚乌有"出自司马相如《子虚赋》，原句为："楚使子虚于齐，王悉发车骑，与使者出畋。畋罢，子虚过姹乌有先生，亡是公存焉。"

139.【答案】A。解析：先锋派小说又称新潮小说，它主要是指 80 年代中期以后出现的一批具有探索和创新精神的青年作家所创作的新潮小说，代表作家有马原、洪峰、残雪、扎西达娃、苏童、格非、北村、孙甘露、余华等，A 项正确；2013 年获诺贝尔文学奖的是加拿大女作家门罗，B 项错误；王安忆的"三恋"分别为《小城之恋》《荒山之恋》和《锦绣谷之恋》，C 项错误；袁宗道、袁宏道和袁中道属于"公安派"，D 项错误。

140.【答案】D。解析：中共七大总结了中国共产党领导中国民主革命的 24 年的历史经验；制定了"建立一个新民主主义的中国"的政治路线；确立了毛泽东思想在全党的指导地位。所以本题答案为 D。

141.【答案】C。解析：1947 年 7 月 17 日，党的全国土地会议在河北平山县西柏坡召开，制定了《中国土地法大纲》。

142.【答案】D。解析：党的七届二中全会在西柏坡举行；会议批准毛泽东关于以八项条件作为与南京政府进行和平谈判的基础的声明；会议强调城市工作的中心任务是恢复和发展生产事业。

143.【答案】B。解析：中国共产党的领导才是中国革命取得基本胜利的根本保证。没有共产党，就没有新中国。

144.【答案】A。解析：1954 年 9 月 15 日至 28 日，中华人民共和国第一届全国人民代表大会第一次会议在北京举行。

145.【答案】A。

146.【答案】D。解析：新文化运动中提出了反对愚昧提倡科学的主张，这与"八荣八耻"中的

"以崇尚科学为荣,以愚昧无知为耻"相似。

147.【答案】C。解析:1924年,中国国民党在广州举行第一次全国代表大会,标志着国共两党革命统一战线正式建立。从此,中国革命进入第一次国内革命战争即大革命时期。

148.【答案】A。

149.【答案】B。解析:北伐战争中,湖北和湖南是主要战场,在这里消灭了吴佩孚的主力部队。

专项二 多项选择题

1.【答案】ABD。解析:虹膜识别不属于面部识别技术。

2.【答案】AD。解析:常用的天文学单位包括秒差距、光年、天文单位、月球距离等。兆米属于公制长度单位,英里属于英制长度单位。

3.【答案】AD。解析:中国八大古都有西安、洛阳、南京、北京、开封、杭州、安阳、郑州。北宋的都城是开封。南宋的都城是杭州。

4.【答案】AD。解析:我国电视的频率范围是48MHz~958MHz,在这个频率范围之内,既包含超短波,又包含微波的米波段。电视卫星(Television Satellite)是一种在地面站之间转播电视信号的轨道卫星,一般发送到适当高度(例如大西洋或印度洋上空),便于世界各地接收转播的节目。数字卫星电视是利用地球同步卫星将数字编码压缩的电视信号传输到用户端的一种广播电视形式。

5.【答案】AD。解析:非洲,矿产资源非常丰富,不仅种类多,而且储量大,其中不少矿产占世界重要地位。像黄金、金刚石的储量和产量都占世界第一位。铜矿、铁矿、铀矿和其他金属矿产的储量也多。

6.【答案】ABD。解析:按照总行"三比三看三提高"的要求,与同业比,全面跑赢大市;与系统内比,名列前茅;与自己比,创造历史最佳水平。

7.【答案】ABD。解析:《宇宙膨胀的属性》是霍金24岁时的博士毕业论文。《黑洞、婴儿宇宙及其他》写于1993年,《时间简史》写于1988年,都是霍金的著作。《万物理论》是描述霍金青年时代的传记片。

8.【答案】ABC。

9.【答案】ABC。解析:输血过程中也有可能会感染疾病。排除A项。献血、输血前必须进行血型检测,确保血型相融,直接依献血者所报血型输血可能出现事故。B项排除。全血的血浆中虽然含有白蛋白、免疫球蛋白以及多种抗体,但含量不多,起不到增强抵抗力的作用,也解决不了营养问题。所以C项是错误的。只给患者输入所需血液成分的输血方式,叫做成分输血。成分输血可以提高血液的利用率和疗效,而且因为不输入患者不需要的成分,所以不会增加心脏的负担。所以D项是正确的。

10.【答案】ABD。

11.【答案】ABD。解析:按照采光要求,北回归线以北、纬度越高的地区,太阳高度越小,光线进入室内的机会也就越多。所以C项昆明的楼房间距应该比哈尔滨的小。

12.【答案】ABC。解析:D项中使用电话可能产生火花引起煤气爆炸。

我追”。它是中国工农红军游击战争作战指导原则，是中国人民解放军战略战术形成和发展的基础。

38.【答案】BD。解析："几处早莺争暖树，谁家新燕啄春泥"出自白居易的《钱塘湖春行》；"日出江花红胜火，春来江水绿如蓝"出自白居易的《忆江南·江南好》；"同是天涯沦落人，相逢何必曾相识""别有幽愁暗恨生，此时无声胜有声"，皆出自白居易的《琵琶行》。故本题答案选BD。

39.【答案】ABC。解析：汉中是刘邦成就汉室基业的发祥地，是诸葛亮六伐曹魏的战略大后方，是丝绸之路开拓者张骞的故里，是造纸术发明家蔡伦的封地。故A、B、C正确。刘邦将从汉中出兵攻项羽时，大将军韩信故意明修栈道，迷惑对方，暗中绕道奔袭陈仓，取得胜利。故D错误。

40.【答案】ABD。解析："想当年，金戈铁马，气吞万里如虎"出自南宋词人辛弃疾的《永遇乐·京口北固亭怀古》，为豪放派词作；"江山如画，一时多少豪杰"出自《念奴娇·赤壁怀古》，是宋代文学家苏轼的词作，是豪放派代表作之一；"衣带渐宽终不悔，为伊消得人憔悴"出自宋代词人柳永所作的《蝶恋花》，这首词借景抒情，表达了作者对恋情的执着，为婉约派词作；"三十功名尘与土，八千里路云和月"出自岳飞的《满江红》，为豪放派词作。故本题选ABD。

41.【答案】ABC。解析：鲁迅，其代表作有《呐喊》《彷徨》《伤逝》《朝花夕拾》《祝福》《阿Q正传》等。故ABC正确。《子夜》，原名《夕阳》，是茅盾于1931年至1932年创作的中国现代长篇小说。故D项错误。

42.【答案】ABCD。

43.【答案】ABD。解析：《汉书》是纪传体断代史书，《战国策》是国别体史书，《左传》是编年体史书，《论语》是语录体散文集。

44.【答案】AC。解析：楚辞的代表作家是屈原和宋玉。

45.【答案】ABCD。解析：胡锦涛同志在党的十八大报告中指出："面对人民的信任和重托，面对新的历史条件和考验，全党必须增强忧患意识，谦虚谨慎，戒骄戒躁，始终保持清醒头脑；必须增强创新意识，坚持真理，修正错误，始终保持奋发有为的精神状态；必须增强宗旨意识，相信群众，依靠群众，始终把人民放在心中最高位置；必须增强使命意识，求真务实，艰苦奋斗，始终保持共产党人的政治本色。"

46.【答案】ACD。解析：1951年12月，中央决定在党政机关工作人员中开展一场反贪污、反浪费、反官僚主义的"三反"运动。

47.【答案】BCD。解析：胡锦涛同志在七一讲话中指出：经过90年的奋斗、创造、积累，党和人民必须倍加珍惜、长期坚持、不断发展的成就是：开辟了中国特色社会主义道路，形成了中国特色社会主义理论体系，确立了中国特色社会主义制度。

统计与概率

专项一 | 单项选择题

1.2017 年第三季度，中国人民银行在全国 50 个城市进行了 2 万户城镇储户问卷调查，结果显示：倾向于“更多消费”的居民占 26.4%，倾向于“更多储蓄”的居民占 41.6%，倾向于“更多投资”的居民占 32.0%。要直观地表示这种比例分布情况，最适合的图表类型是(　　)。

A.饼图　　B.雷达图　　C.条形图　　D.柱形图

2.某单位有员工 750 人，其中青年员工 350 人，中年员工 250 人，老年员工 150 人，为了解读单位员工的健康状况，计划用等比例分层抽样的方法从中抽取样本。若样本中的青年员工为 7 人，则会抽取员工总人数为(　　)人。

A.35　　B.25　　C.15　　D.7

3.在进行问卷调查时，采用的抽样方法是(　　)。

A.方便抽样　　B.分层随机抽样

C.整群抽样　　D.滚雪球抽样

4.李先生现拥有甲公司的股票，同时他看中了乙、丙、丁三家公司的股票，这四家公司的股票的风险和收益率水平相关，而经过历史数据测算，甲公司和乙公司股票的相关系数为 0.4，甲公司和丙公司股票的相关系数为–0.4，甲公司和丁公司股票的相关系数为 0.8，那么李先生(　　)。

A.买入甲公司股票，最利于分散风险

B.买入丁公司股票，会使风险降低最多

C.买入乙或丁公司股票都会导致风险增加

D.买入丙公司股票，最不利于风险分散

5.经济计量模型是当今经济分析的主要工具。简单地说，经济计量模型是指(　　)。

A.投入产出模型

B.包含随机误差项的经济数学模型

C.模糊数学模型

D.数学规划模型

6.下图为某市 10 月 1 日至 14 日的空气质量指数趋势图。空气质量指数小于 100 表示空气质量优良，空气质量指数大于 200 表示空气重度污染。某人随机选择 10 月 1 日至 10 月 13 日

若由 $K^2=\dfrac{n(ad-bc)^2}{(a+b)(c+d)(a+c)(b+d)}$ 算得 $K^2=\dfrac{110\times(40\times30-20\times20)^2}{60\times50\times60\times50}\approx7.8$。

参照附表,以下结论不正确的是(　　)。

A.有 99%以上的把握认为“爱好该项运动与性别无关”

B.在犯错误的概率不超过 0.1%的前提下,认为“爱好该项运动与性别无关”

C.在犯错误的概率不超过 0.1%的前提下,认为“爱好该项运动与性别有关”

D.有 99%以上的把握认为“爱好该项运动与性别有关”

3.下列数据搜集方法中,属于搜集第二手数据的有(　　)。

A.在控制条件下进行试验并在试验过程中搜集数据

B.通过电话询问被调查者

C.要求当事人到相关机构进行登记

D.购买公开出版的统计年鉴

E.与原调查单位合作获取未公开的内部调查资料

4.按照反映的内容或数值表现形式划分,统计指标划分为(　　)。

A.总量指标　　B.分类指标

C.顺序指标　　D.相对指标

E.平均指标

5.在对数据特征的测度中,几何平均数主要应用于(　　)。

A.比较不同组别数据的离散程度

B.消除变量值高低不同对离散程度测度值的影响

C.对比率和指数进行平均

D.计算平均发展速度

E.消除计量单位不同对离散程度测度值的影响

6.对分组数据计算加权算术平均数时,其平均数数值会受到(　　)等因素的影响。

A.组内极差　　B.极端值

C.组内标准差　　D.各组数值大小

E.各组频数多少

7.关于抽样调查的说法,正确的有(　　)。

A.抽样调查中不存在代表性误差

B.抽样调查用样本数据推断总体数量特征

C.抽样调查适应面广

D.抽样调查时效性差

E.抽样调查通常从总体中选择重点单位进行调查

8.下列统计数据的整理方法中,适用于分类数据的有(　　)。

A.百分比　　B.累积频数

C.比例　　D.累积百分比

E.比率

9.关于我国零售价格指数编制方法的说法，正确的有(   )。

A.在对商品进行科学分类基础上选择各类别商品的代表规格品

B.采用加权算术平均形式计算总指数

C.采用代表规格品的全社会综合平均价作为计算的依据

D.在全国所有地区收集数据

E.根据主观判断确定商品的权数

参考答案及解析

专项一 单项选择题

1.【答案】A。解析：饼图反映的是占比关系。

2.【答案】C。解析：350/7=50，则每五十个人抽取一个，750/50=15，则样本容量为15。

3.【答案】B。解析：分层随机抽样，它是先将总体各单位按一定标准分成各种类型(或层)；然后根据各类型单位数与总体单位数的比例，确定从各类型中抽取样本单位的数量；最后，按照随机原则从各类型中抽取样本。

4.【答案】C。解析：相关系数越大，意味着两种股票的正相关性越强，组合投资分散风险的效果越不好；相关系数越小，意味着两种股票的正相关性越小，负相关性越强，组合投资分散风险的效果越好。

5.【答案】B。解析：经济计量模型是指包含随机误差项的经济数学模型。

6.【答案】A。解析：若在10月1日至10月13日中的某一天到达，并且停留2天，停留期间空气质量都是优良的只有1日到达、2日到达、12日或13日到达，故概率为4/13。

7.【答案】D。解析：根据频率分布直方图，成绩不低于60(分)的频率为1−10×(0.005+0.015)=0.8.由于该校高一年级共有学生600人，利用样本估计总体的思想，可估计该校高一年级模块测试成绩不低于60(分)的人数为600×0.8=480人。

8.【答案】A。解析：定基增长速度=定基发展速度−1，相邻若干个环比发展速度的连乘积等于相应的定基发展速度，故正确答案为A。

9.【答案】C。解析：在实际应用中，抽样方法主要有两种：概率抽样和非概率抽样。概率抽样有四种形式：一是简单随机抽样，二是分层抽样，三是整群抽样，四是等距抽样。非概率抽样有偶遇抽样、判断抽样、配额抽样、滚雪球抽样等。

10.【答案】B。解析：本题考查离散系数的相关内容。离散系数可以消除变量值水平和计量单位不同对离散程度测度值的影响。

11.【答案】A。

12.【答案】B。解析：选项AC属于总量指标。选项D属于平均指标。

13.【答案】A。

C.手机设计与应用　　　　　　　　　D.机械创新设计

7.国家统计局数据显示,2017 年上半年 GDP 同比增长(　　)。这也是我国经济增速连续八个季度保持在 6.6%—6.9%的区间。

A.6.7%　　　B.6.8%　　　C.6.6%　　　D.6.9%

8.中国共产党(　　)于 2017 年 10 月 18 日在北京召开。

A.第十八届中央委员会　　　　　　B.第十九次全国代表大会

C.第十九届六中全会　　　　　　　D.第十八次全国代表大会

9.习近平总书记在中共十九大报告中提到:“行百里者半九十,中华民族伟大复兴,绝不是轻轻松松、敲锣打鼓就能实现的。全党必须准备付出更为艰巨、更为艰苦的努力。”,其中“行百里者半九十”的意义是(　　)。

A.做事愈接近成功愈困难,越要坚持到最后

B.事情做到百分之九十时,一半的人都放弃了

C.事情做到一半时,越需要努力坚持

D.百分之九十的人只能坚持把事情做到一半

10.2017 年 9 月 4 日,习近平主席出席并主持金砖国家领导人第九次会晤,并发表题为(　　)的重要讲话。

A.深化金砖伙伴关系,开辟更加光明未来

B.合力共建“一带一路”

C.打造有效、包容、共同的解决方案

D.笃实图新,重启增长

11.为实现“两个一百年”的奋斗目标,综合分析国际国内形势和我国发展条件,从 2020 年到本世纪中叶分两个阶段安排。其中第二阶段的目标是(　　)。

A.全面建成小康社会

B.全面建成科技强国

C.建成富强民主文明和谐美丽的社会主义现代化强国

D.基本实现社会主义现代化

12.习近平总书记在中共十九大报告中的民生和社会治理版块,提到优先发展教育事业,推动城乡义务教育一体化发展,高度重视农村义务教育,办好学前教育、特殊教育和网络教育,普及(　　)。

A.义务教育　　　　　　　　　　　B.大学生阶段教育

C.高中阶段教育　　　　　　　　　D.职业能力教育

13.中国经济增长对世界经济增长贡献中超过(　　)。

A.30%　　　　　　　　　　　　　B.40%

C.20%　　　　　　　　　　　　　D.50%

14.中国经济目标目前保持中高速增长,国内生产总值增长至(　　)元人民币,位居世界(　　)。

A.八十万亿　第二　　　　　　　　B.七十万亿　第二

C.百万亿　第一　　　　　　　　　D.五十万亿　第三

15.为实现“两个一百年”的奋斗目标，综合分析国际国内形势和我国发展条件，从二〇二〇年到本世纪中叶分两个阶段安排。其中第一阶段的时间计划是(　　)。

A.2020 年至 2035 年　　B.2015 年至 2030 年

C.2018 年至 2030 年　　D.2020 年至 2030 年

16.2017 年金砖五国峰会的参与国家是(　　)。

A.中国、美国、俄罗斯、巴西、南非　　B.中国、印度、俄罗斯、意大利、希腊

C.中国、印度、俄罗斯、巴西、南非　　D.中国、俄罗斯、加拿大、南非、泰国

17.2017 年 10 月 18-24 日，中国共产党第十九次全国代表大会在北京胜利召开，报告指出，中国特色社会主义进入新时代，我国社会主义主要矛盾已经转化为(　　)。

A.人民日益增长的美好生活需要和不平衡不充分的发展之间的矛盾

B.人民日益增长的物质文化需要和不平衡不充分的发展之间的矛盾

C.人民日益增长的美好生活需要和落后的社会生产力之间的矛盾

D.人民日益增长的物质文化需求和落后的社会生产力之间的矛盾

18.2017 年诺贝尔奖授予美国经济学家理查德·塞勒，以表彰其在以下哪一领域做出的巨大贡献？(　　)

A.消费贫困以及福利制度　　B.行为经济学

C.契约理论　　D.宏观经济学

19.2017 年中央经济工作会议指出，促进房地产市场平稳健康发展，要坚持(　　)的定位，综合运用金融、土地、财税、立法等手段，加快研究建立符合国情、适应市场规律的基础性制度和长效机制，既抑制房地产泡沫，又防止出现大起大落。

A.不搞土地财政　　B.严格控制房价

C.房子是用来住的，不是用来炒的　　D.不依赖房地产推动经济发展

20.2017 年 8 月 1 日，庆祝中国人民解放军建军(　　)周年大会在北京人民大会堂隆重举行，中共中央总书记、国家主席、中央军委主席习近平在大会上发表重要讲话。

A.95　　B.90

C.100　　D.85

21.2017 年 10 月 16 日，多国科学家联合宣布，人类第一次直接探测到来自双中子星合并产生的(　　)。

A.暗物质　　B.引力波

C.希格斯场　　D.暗能量

22.2017 年 10 月 24 日上午，党的十九大通过了关于《中国共产党章程(修正案)》的决议。大会一致同意，在党章中把习近平(　　)同马克思列宁主义、毛泽东思想、邓小平理论、“三个代表”重要思想、科学发展观一道确立为党的行动指南。

A.中国特色社会主义思想

B.百年中国特色社会主义思想

C.现代化中国特色社会主义思想

D.新时代中国特色社会主义思想

7.【答案】D。解析：国家统计局数据显示，2017年上半年GDP同比增长6.9%。

8.【答案】B。解析：中国共产党第十九次全国代表大会于2017年10月18日在北京召开。

9.【答案】A。解析："行百里者半九十"出自西汉刘向所著的《战国策·秦策五·谓秦王》，意指做事愈接近成功愈困难，越要坚持到最后。

10.【答案】A。解析：2017年9月4日，金砖国家领导人第九次会晤在厦门国际会议中心举行。国家主席习近平主持会晤并发表题为"深化金砖伙伴关系，开辟更加光明未来"的重要讲话。

11.【答案】C。解析：为实现两个一百年的奋斗目标，第一个阶段，从二〇二〇年到二〇三五年，在全面建成小康社会的基础上，再奋斗十五年，基本实现社会主义现代化。第二个阶段，从二〇三五年到本世纪中叶，在基本实现现代化的基础上，再奋斗十五年，把我国建成富强民主文明和谐美丽的社会主义现代化强国。

12.【答案】C。解析：十九大报告中指出，推动城乡义务教育一体化发展，高度重视农村义务教育，办好学前教育、特殊教育和网络教育，普及高中阶段教育，努力让每个孩子都能享有公平而有质量的教育。

13.【答案】A。解析：中国国家统计局公布数据称，我国经济建设取得重大成就。经济保持中高速增长，在世界主要国家中名列前茅，国内生产总值从五十四万亿元增长到八十万亿元，稳居世界第二，对世界经济增长贡献率超过百分之三十。

14.【答案】A。解析：中国国家统计局公布数据称，我国经济建设取得重大成就。经济保持中高速增长，在世界主要国家中名列前茅，国内生产总值从五十四万亿元增长到八十万亿元，稳居世界第二，对世界经济增长贡献率超过百分之三十。

15.【答案】A。解析：从十九大到二十大，是"两个一百年"奋斗目标的历史交汇期。第一个阶段，从二〇二〇年到二〇三五年，在全面建成小康社会的基础上，再奋斗十五年，基本实现社会主义现代化。第二个阶段，从二〇三五年到本世纪中叶，在基本实现现代化的基础上，再奋斗十五年，把我国建成富强民主文明和谐美丽的社会主义现代化强国。

16.【答案】C。解析：2017年9月4日，金砖国家领导人第九次会晤在厦门国际会议中心举行。参与国家有中国、印度、俄罗斯、巴西、南非。

17.【答案】A。解析：2017年10月18日，习近平同志在十九大报告中指出，经过长期努力，中国特色社会主义进入新时代，"我国社会主要矛盾已经转化为人民日益增长的美好生活需要和不平衡不充分的发展之间的矛盾"。

18.【答案】B。解析：瑞典皇家科学院宣布将2017年诺贝尔经济学奖授予美国经济学家理查德·塞勒，表彰其在行为经济学领域的贡献。

19.【答案】C。解析：中央经济工作会议指出，2017年要坚持"房子是用来住的、不是用来炒的"的定位，抑制房价"非理性"上涨。

20.【答案】B。解析：2017年8月1日上午，庆祝中国人民解放军建军90周年大会在人民大会堂举行。习近平主席出席大会并发表了重要讲话。

21.【答案】B。解析：多国科学家2017年10月16日宣布，他们首次直接探测到双中子星合并产生的引力波及其伴随的电磁信号。

22.【答案】D。解析：党的十九大通过了关于《中国共产党章程(修正案)》的决议。大会一致同意，在党章中把习近平新时代中国特色社会主义思想同马克思列宁主义、毛泽东思想、邓小平理论、“三个代表”重要思想、科学发展观一道确立为党的行动指南。

23.【答案】D。**解析**：2017 年 9 月 29 日，我国在西昌卫星发射中心用长征二号丙运载火箭，成功将遥感三十号 01 组卫星发射升空，卫星顺利进入预定轨道，任务获得圆满成功。

24.【答案】C。**解析**：缩表即资产负债表缩小。

25.【答案】B。**解析**：500 米口径球面射电望远镜被誉为“中国天眼”，是由中国科学院国家天文台主导建设，具有我国自主知识产权、世界最大单口径、最灵敏的射电望远镜。

26.【答案】A。**解析**：2017 年 10 月 12 日，经中央军委批准，中央军委办公厅日前印发《中国人民解放军军营开放办法》。这是新形势下发挥军队资源优势推动全民国防教育普及深入的重要举措，为各部队规范有序组织军营向社会开放提供了基本遵循。

27.【答案】A。**解析**：港珠澳大桥是连接香港、珠海、澳门的超大型跨海通道，全长 55 千米，建成后将成为世界最长的跨海大桥。

28.【答案】A。**解析**：蛟龙号载人潜水器是一艘由中国自行设计、自主集成研制的载人潜水器。

专项二　多项选择题

1.【答案】ACD。**解析**：“三农问题”是指农业、农村、农民这三个问题。

2.【答案】AC。**解析**：中国共产党十九大报告指出，必须坚持一个中国原则，坚持“九二共识”，推动两岸关系和平发展，深化两岸经济合作和文化往来，推动两岸同胞共同反对一切分裂国家的活动，共同为实现中华民族伟大复兴而奋斗。

3.【答案】AC。**解析**：改革开放之后，我们党对我国社会主义现代化建设作出战略安排，提出“三步走”战略目标。解决人民温饱问题、人民生活总体上达到小康水平这两个目标已提前实现。

4.【答案】ACD。**解析**：党的十八大以来，党中央在全面推进从严治党中，大力加强党的思想建设、组织建设、作风建设、反腐倡廉建设、制度建设，以高标准严要求保持和发展党的先进性、纯洁性，增强党的自我净化、自我完善、自我革新、自我提高能力。坚持问题导向，聚焦党的建设热点难点问题，中央作出八项规定，部署开展党的群众路线教育实践活动和“三严三实”专题教育，以作风建设为突破口，深入推进党风廉政建设和反腐败斗争，从严治吏、严明党纪，弘扬新风正气、涤荡歪风邪气，党风政风呈现新气象，深得党心民心。实践证明，从严治党，必须严字当头，抓住重点、聚焦问题，从严从实、严实结合，“只有严要求、动真格，真实抓、抓真实，才能真正达到预期效果”。习近平作出重要指示强调，在全党开展“两学一做”学习教育，取得了显著成效。实践证明，“两学一做”学习教育是推进思想建党、组织建党、制度治党的有力抓手，是全面从严治党的基础性工程，要坚持不懈抓下去。要把思想政治建设摆在首位，坚持用党章党规规范党员、干部言行，用党的创新理论武装全党，引导全体党员做合格党员。

5.【答案】ABCD。**解析**：中国共产党第十八次全国代表大会于 2012 年在北京举行。第一届“一带一路”国际合作高峰论谈于 2017 年 5 月 14 日至 15 日在北京举行；2017 年 9 月 3 日至 5 日，金砖国家领导人第九次会晤在福建厦门举行；2016 年 9 月 4 日至 5 日在中国杭州召开 G20 峰会；2014 年 11 月 APEC 会议在中国北京举办。